KB164239

《마이 셀프헬프 다이어리》을 먼저 읽은 독자들의 메시지

한빛비즈 코리딩 클럽(Co-reading Club)은 출간 전 원고를 '함께 읽고' 출간 과정을 함께하는 활동입니다.
이번 코리딩 클럽 멤버들은 이 책을 먼저 읽고 편집과 디자인, 마케팅에 많은 아이디어를 주었습니다. 코리딩 클럽 5호 멤버 여러분의 아낌없는 도움에 감사의 마음을 전하며, 《마이 셀프헬프 다이어리》에 남긴 그분들의 소감을 소개합니다.

인생이라는 레이스에서 탈진하고 만 모든 이를 위한 다정한 격려가 담긴 책.
내 인생이 잘못되고 있다는 생각이 들 때 큰 위로가 될 책이다.

_부기

실제로 경험했던 무기력과 우울함에 대한 고민, 그 고민을 떨쳐내기 위한 방법들이 자세히 나와 있어 좋았다. 셀프헬프 다이어리를 쓰기 시작할 때의 모습이 현재의 내 모습과 닮아 있어 이 책을 통해 무기력함을 극복해나갈 수 있을 것만 같은 기분이 들었다.

_이남지

부자학 입문서로서 《부자의 그릇》이 있다면, 우울증 극복 입문서로는 이 책이다. 상담사 에린과의 이야기와 저자가 스스로 답을 찾아가는 방식이 좋았다. 하지만 무엇보다 구체적인 실천 방법들과 활용해볼 수 있는 워크시트가 좋았다.

_마틸다

친구 이야기를 듣는 것처럼 편하게 읽었다. 걱정했던 어릴 적 친구가 무탈하게 자라서 어른이 됐다는 소식을 들은 것만 같아 반가웠다. 잘 지내고 있다는 저자의 소식을 들을 수 있어 가벼운 기분으로 책을 덮을 수 있었다. 마지막 문장에 의미를 부여하고 싶다. "이 마지막 문장까지 읽은 것부터 작은 변화의 시작이다."

_소시민

부정하고 싶었던 나를 알게 하는 책.
무기력하고 우울하지만, "괜찮다"고 외치던 나를 위한 책이다. 저자와 에린과의 대화를 길잡이 삼아, 오롯이 나를 돕기 위한 일기를 작성해보는 시간을 가져본 다. 힘들기만 한 현재를 이겨낼 원동력이 될 책이다.

_써니♡

'해볼까?'를 '해보자!'로 바꿔준 책.
이번 생은 망했다며 자칭 진따 인생을 살며 '어떡하지?' 하는 내게 '이거라도 한 번 해볼까' 싶도록 만들어줬다.

_쏭스

우울할 때 일기장을 펼치는 습관을 가진 나는 책 제목을 보고 펼쳐들지 않을 수 없었다. 다 읽고 나니 항상 내 감정들의 쓰레기통이었던 다이어리가 따뜻한 용 기를 주는 존재로 변한 느낌이다. 이제 더 이상 분노에 차서 다이어리를 쓰지 않 고 이 책의 워크시트와 함께 마음을 다잡아 내일을 준비할 수 있을 것 같다.

_Jane A muge

삶을 개선할 수 있는 실용적 방법과 저자의 생생한 실천 후기 덕분에 자신감 을 얻었다.

_권맥스

책을 읽으면 읽을수록 스스로를 돌아보게 되었다. '나는 과연 온전히 집중하는 시간을 가지고 있을까?' '있다면 얼마나 되지?' '나는 내 일상에 노력해서 활력 을 주고 있나?' '나는 나를 사랑하고 있을까?' 이 책은 한 번 읽고 마는 게 아니 라 몇 번이고 반복하여 나 자신을 돌보고 사랑하는 시간을 만들어주는 책임에 틀림없다.

_권효주

내 속마음을 누가 써놓은 것 같았다. 그러면서도 엄청 무겁게 느껴지지 않고 나 도 모르게 웃음이 나 부담스럽지 않게 볼 수 있었다. 저자가 끊임없이 고민해온 부분이 진솔하게 담겨 있고, 그것을 해결하는 방법으로는 누구나 실천만 하면 가능한 것들이 담겨 있어 좋았다.

_영필

마이 셀프헬프 다이어리

MY SELF-HELP DIARY

마이 셀프헬프 다이어리

초판 1쇄 발행 2024년 3월 5일

지은이 임상원

펴낸이 조기흠
총괄 이수동 / **책임편집** 전세정 / **기획편집** 박의성, 최진, 유지윤, 이지은, 김혜성, 박소현
마케팅 박태규, 홍태형, 임은희, 김예인, 김선영 / **제작** 박성우, 김정우
디자인 mallybook

펴낸곳 한빛비즈(주) / **주소** 서울시 서대문구 연희로2길 62 4층
전화 02-325-5506 / **팩스** 02-326-1566
등록 2008년 1월 14일 제 25100-2017-000062호

ISBN 979-11-5784-729-7 03180

이 책에 대한 의견이나 오탈자 및 잘못된 내용에 대한 수정 정보는 한빛비즈의 홈페이지나
이메일(hanbitbiz@hanbit.co.kr)로 알려주십시오. 잘못된 책은 구입하신 서점에서 교환해드립니다.
책값은 뒤표지에 표시되어 있습니다.

⌂ hanbitbiz.com ⓕ facebook.com/hanbitbiz Ⓝ post.naver.com/hanbit_biz
▶ youtube.com/한빛비즈 ⓘ instagram.com/hanbitbiz

지금 하지 않으면 할 수 없는 일이 있습니다.
책으로 펴내고 싶은 아이디어나 원고를 메일(hanbitbiz@hanbit.co.kr)로 보내주세요.
한빛비즈는 여러분의 소중한 경험과 지식을 기다리고 있습니다.

마이
셀프헬프
다이어리

예민하고 불안한
나를 위한 201일의
마음돌봄 연습

임상원 지음

한빛비즈
Hanbit Biz, Inc.

저와 비슷한 강을 건너고 있는 분들에게 이 글을 전합니다.

제가 치열하게 달리다 쓰러졌던 이야기, 불안과 패배감에 휩싸였던 이야기,

이별의 아픔을 딛고 다시 온전한 마음을 회복하는 이야기입니다.

이 긴 여정이 누군가에게 위로가 되고 힘이 되길 바랍니다.

우리 모두 어느 시간 어느 공간에 있더라도

무탈하고 편안한 일상을 보낼 수 있기를 마음으로 바랍니다.

목차

1장   하루하루가 지루할 때
▷ 셀프헬프 1단계 ◁   무기력 극복하기

⑤장 **사랑스러운 사람이 되고 싶을 때**
▷ 셀프헬프 5단계 ◁ 자기애 증진하기

내 인생이
잘못된 것 같은 느낌

80년대 생이라면 〈은비 까비의 옛날 옛적에〉라는 만화를 기억할 것이다. 은비랑 까비가 구름 비행기 같은 것을 타고서 은혜 깊은 까치도 보여주고 견우직녀도 보여주고 선녀와 나무꾼도 보여주었는데, 재미있는 만화를 가장해 어린이들에게 인생의 심오함을 가르쳐주던 역작이었다.

지금도 기억나는 에피소드는 '울산바위' 이야기다. 어느 날 옥황상제가 전국의 수려한 바위들을 금강산으로 호출했다. 선착순 일만 이천 봉. 아름다운 금강산에 살 수 있는 절호의 기회에 전국의 바위들이 뒤뚱뒤뚱 데굴데굴하며 급히 금강산으로 향했다. 경쟁을 부추기는 주책맞은 옥황상제였다. 울산바위는 늦잠을 자느라 이 소식을 한참 뒤에 듣고서 부랴 부랴 금강산으로 달렸다. 몇 날 며칠을 잠도 안 자고 계속 달렸다. 혼자서 열심히 산과 바다를 건넜다. 마침내, 아름다운 산에 도착했다. 안도감과 기쁨도 잠시, 이럴 수가, 설악산이었다. 울산바위는 커다란 덩치로 펑펑 울었다. 울 때마다 눈물 돌멩이가 바닥으로 우수수 떨어졌다. 울산바위는 설악산에 홀로 남아 그대로 굳어버렸다.

여섯 살의 나는 열심히 달리는 울산바위를 발을 동동 구르며 열렬히 응원했다. 울산바위가 도착한 곳이 설악산이라는 소식에는 마치 나라를 잃은 것만 같은 절망감을 함께 느꼈다. 나는 그때 처음 알게 되었다. 이상향을 동경하는 마음은 아름답고, 성실한 달리기는 감동적이라는 것을. 그리고 엉뚱한 방향으로의 달리기는 슬픈 일이라는 것도.

나는 어느덧 멋없는 정장바지만 입는 30대가 되어 울산바위를 떠올린다. 발밑을 내려다본다. 서른넷의 나는 지금 어디에 서 있나. 열심히 달렸건만. 금강산으로 가는 줄 알고 달렸건만. 나는 어디에 있나.

문제의 시작은 2018년 즈음으로 거슬러 올라간다. 인생을 잘못 산 것 같은 느낌이 몇 년 동안 나를 괴롭혔다. 이유가 무엇일까 오랫동안 고민해야 했다. 그저 성실히 살았는데. 왜 내 삶이 원치 않는 방향으로 흘러가는 느낌이 들까. 외국에 혼자 살고 있어서일까, 김삼순*과 같은 노처녀가 되어서일까, 잘못 태어나서일까, 잘못 살아서일까. 답이 나오질 않았다. 그러자 이상하게도 내가 하는 일에 대한 깊은 회의감이 찾아왔다. 직업을 탓하는 것이 가장 쉬웠기 때문일 것이다. 나의 태생과 인생 전체를 탓하면 그땐 정말 답도 없고 바꿀 수도 없으니까.

그래서 삶의 방향을 틀기 위해 직업을 바꾸기로 결심했다. 재활치료사라는 직업은 이타적인 삶의 가치를 실현해주는, 내 가슴을 뜨겁게 하는 일이었다. 하지만 타인을 돌보느라 정작 나를 돌보지 못하는, 소모적인 일이기도 했다. 나를 쏟아부었던 시간들을 빠르게 되감았다. 학사 4년, 보스턴에 건너와 공부한 석사 2년, 재활치료사로 일한 5년, 도합 11년. 세월이 아까웠다. 아까우니까 계속 이렇게 살아야만 할 것 같다가도 시간이 아깝다고 이대로 살다가는 두고두고 후회할 것만 같았다. 어느 순간, 시간이 아까운 것보다 내 자신이 가련할 만큼 인생에 대한 회의감이 커졌다. 일분일초가 너무 길었고

---

* 편집자주: 2005년에 방영한 MBC 드라마 〈내 이름은 김삼순〉의 주인공으로, 촌스러운 이름과 뚱뚱한 외모를 가진 서른 살 (그 당시엔) 노처녀다.

숨이 막혔다. 사실 그것은 내 삶에 대한 쓸쓸함이었는데, 그저 덮어두고 직업에 다짜고짜 주먹질을 해댔다는 걸, 그때도 알고, 지금도 알고 있다.

다시 대학원에 진학하기로 결심했다. 전공도 바꾸고 박사 학위를 취득해서 연구자의 길을 가기로 마음먹었다. 환자들을 위한 삶은 그만 살고, 나의 지적 탐구만을 위해 살고 싶었다. 그렇게 도피하고 싶은 마음은 새로운 도약의 원동력이 되었다. 지하수처럼 콸콸 뿜어나오던 내 인생에 대한 지겨운 회의감이 여기서 벗어나고자 하는 갈망과 기가 막히게 어우러져 추진력을 더했다. 나는 그 지하수를 두레박으로 크게 떠나르며 대학원에 갈 준비를 했다.

퇴근 후 매일 저녁 8시부터 새벽 1시까지 지친 몸뚱이를 책상에 앉혀 GRE(미국 대학원 수학 자격시험) 공부를 했다. 너무 피곤해 머리가 돌아가지 않으면 중얼중얼 주술을 외듯 욕을 하며, 침대에 누워 공중에 발차기를 해대며 공부했다. 마른행주 쥐어짜듯 자기소개서만 두 달을 썼다. 그리고 굽신거림을 장착하고 모든 인맥을 총동원해서 교수님들에게 추천서를 받아냈다.

마침내, 흰머리가 분수처럼 뿜어나오는 서른두 살의 나는 하버드대 공중보건대학원 역학 석사 과정에 입학했다. 입학 후에도 공부는 계속됐다. 박사 과정 입학을 위해서는 좋은 학점을 받아야 했다. 이번에는 인생을 올바른 방향으로 끌고 가고 싶었다. 처음부터 내게 맞는 전공과 직업을 선택했다면 이렇게 또 공부하는 일은 없었을 텐데. 인생을 또 돌아갈 수는 없었다. 나는 한 번 실패했다는 무거운 마음과 이번에는 잘 좀 해보자는 간절함 때문에 하버드 강의실에 앉아서도 항상 불안해했다.

어느 새벽, 여느 때처럼 머리를 싸매고 과제를 하다가 문득 이런 생각이 들었다. '박사 과정을 밟으면 계속 이렇게 새벽까지 공부만 하겠지?' '그 후에는 무엇이 나를 기다리고 있을까?' 아무리 생각해봐도 마흔까지 처절하게 공부만 하는 삶일 것 같았다. 그건 내가 설레는 삶도, 원하는 삶도 아니었다. 결국 여기서 멈추기로 했다. 포기한 것만 같아 쓰디쓴 패배감이 들었다. 그런데, 이 패배감보다 더 무시무시한 것이 나를 기다리고 있었다. 코로나 대환장의 무대였다.

미국은 코로나에 속수무책으로 당했다. 바이러스가 걷잡을 수 없이 퍼졌다. 난데없이 등장해 점점 거대하게 몸집을

키우는 전염병에 모두가 패닉이었다. 날마다 감염자 수가 신기록을 세웠고, 사람들은 수두룩하게 죽어나갔다. 마트에서는 생필품 품귀 현상이 발생해서 몇 달 동안 휴지 하나 살 수 없었다. 마스크는 더더욱 살 수 없었다. 아마존에서 겨우 마스크를 주문하면 중국산 마스크가 30일 후에 배송된다고 했다. 밖에서는 아시안 혐오 범죄가 하루가 멀다 하고 발생했다. 바이러스와 공포와 죽음이 한데 섞인 난장판이었다.

전쟁과 맞먹는 패닉 속에서 나는 홀로였다. 의지할 가족도 곁에 없고, 소속된 곳도 없었다. 학교에서 제공해주던 의료보험도 졸업 후 3개월까지였다. 회사들은 문을 닫고 고용을 멈췄다. 고용은커녕, 많은 이가 직장을 잃었다. 나의 취직은 가당치도 않았다.

나의 생존을 위해 오로지 나 혼자 싸워야 하는 현실을 마주하자, 처음으로 내 존재의 무력감과 막중한 책임감을 동시에 느꼈다. 그것은 소름 돋는 공포였다. 하루는 무력감에 몸져눕고, 하루는 애써 산책을 하며 괜찮다 위로하고, 하루는 내 인생이 야속하게 흘러가는 모습을 멍하니 바라다봤다. 사는 게 아닌 버티는 삶이었다.

버티다 보니 1년 반이 흘렀다. 2021년 9월, 직장도 구해서 안전하게 재택근무를 시작했고, 의료 보험도 있고, 백신도 맞았고, 이제 마스크와 생필품도 마트에서 쉽게 구할 수 있었다. 하지만 나는 여전히 불안했고 무기력했으며, 슬펐고 침울했다. 길가에 개똥만 봐도 깔깔거리며 웃던 밝고 활기찬 나는 온데간데 없다.

나는 내가 마치 방향도 모르고 그저 열심히 뛰었던 모지리 울산바위인 것만 같아 괴로웠다. 내 삶은 겉은 바싹 마르고 속은 텅 빈 공갈빵처럼 공허했다. 일어나야 하는 이유를 찾지 못해 아침 10시가 되어도 침대에서 벗어나기 힘들었고, 코로나부터 지속된 고립은 나를 더 피폐하게 했다. 멍하게 하루를 지내다가 침을 질질 흘리면서 잤다. 이렇게 살기 싫었다. 그런데 자꾸 이렇게 살고 있어서 더 싫었다.

내 마음을 누군가에게 쏟아내야겠다는 생각이 들었다. 그래서 전화를 걸었다. 그렇게 에린과의 만남이 시작됐다.

하루하루가 지루할 때

▷ 셀프헬프 1단계 ◁

무기력 극복하기

"우리는 가장 기초로 다시 돌아가야 해요.
규칙적인 시간에 일어나고, 밥을 먹고,
씻고, 자는 것부터 시작해야 해요."

심지어 나보다
생기 있어 보이는 나무늘보

미국에서 코로나 시국에 취직하는 것은 마치 거대한 철문을 콩만한 주먹으로 무수히 두드리는 것만 같았다. 족히 100군데가 넘는 회사에 이력서를 냈고 인터뷰만 수십 번을 했다. 몇 달 동안 가난하고 초조하고 불안한 마음으로 버텼다. 그리고 마침내 운 좋게도 미국으로 유학을 오기 전부터 선망했던 메사추세츠종합병원에 데이터 매니저로 취직하게 됐다.

사실 개발도상국의 공중보건 시스템을 개선하는 연구를 하고 싶었다. 특히 한정된 자원 안에서 건강하게 노화할 수 있는 방법을 연구하고 싶었다. 일단 먹고살아야 하니 나를 불러준 자리로 온 것이다. 마침 내가 선망하던 병원이라니, 그저 좋았다. 그런데 이렇게까지 내 가슴을 얼어붙게 만들 줄이야.

데이터 매니저의 일은 제약회사가 개발한 신약을 대상으로 임상 실험을 진행, 데이터를 관리하고 분석하는 것이었다. 이게 참, 무미건조했다. 내가 하는 일이 얼마나 남에게 도움을 주고 사회에 기여하는지 피부에 직접 와닿지 않았다. 취직의 기쁨과 안도감은 사라지고 내 가치를 실현하지 못하는 일에 점점 흥미를 잃어갔다. 직무에 애정이 어느 정도로 없었냐면, 누워서 발가락으로 일하고 싶은 심정이었다.

설상가상, 또 다른 복병도 맞닥뜨렸다. 우리 부서는 직원들의 안전을 위해 100% 재택근무를 실시했는데, 난 집에서는 아무것도 하지 못한다는 걸 간과했다. 침대에 누워 있는 것밖에 할 줄 아는 것이 없다. 집에서는 집중력이 떨어지기 때문에 일은 무조건 회사에서, 공부는 도서관이나 카페에서 해왔다. 그런데 강제로 집에 틀어박혀 입에 거미줄 치고 일만 하니 기분까지 가라앉았다.

집이라는 공간이 주는 게으르고 나태한 공기는 도무지 이길 수가 없었다. 오후 3시가 넘어가면 늘 집중력이 떨어졌고 앉아서 손가락으로 노트북 자판만 두들기는데도 육체적으로 피곤했다. 결국엔 침대에 널브러져 있다가 낮잠까지 자기 일쑤였다. 이런 생활이 반복되니 점점 내가 세상 쓸모없는 사람처럼 느껴졌고 무기력했다. 무기력의 끝장을 보게 된 요즘 나의 하루는 이렇다.

9:00 - 10:00	10분 간격으로 울리는 알람을 끄고 다시 잔다.
10:00 - 11:00	더 이상 자면 안 된다는 생각에 일단 눈은 뜬다. 침대에 누운 채로 핸드폰을 만진다.
11:00 - 12:00	침대에서 겨우 기어 나와 아침을 먹으며 일을 시작한다.
12:00 - 13:00	꾸역꾸역 일을 한다. 집이 적막해서 넷플릭스로 아무 영화나 틀어놓는다.
13:00 - 14:00	
14:00 - 15:00	
15:00 - 16:00	
16:00 - 17:00	늦은 점심인지 이른 저녁인지 모르겠지만, 배가 고프니 일단 밥을 먹는다.
17:00 - 18:00	뭘 해야 할지 몰라 우왕좌왕한다. 낮잠을 자거나 장을 보러 가거나 멍을 때리며 시간을 보낸다.
18:00 - 19:00	
19:00 - 20:00	
20:00 - 21:00	뭘 해야 할지 몰라 우왕좌왕하는 두 번째 시간이다. 결국 침대에 누워서 핸드폰을 만진다.
21:00 - 22:00	배가 고파서 간단한 간식을 만들어 먹는다.
22:00 - 23:00	잠이 들 때까지 핸드폰을 만진다.
23:00 - 24:00	

심지어 나무늘보가 나보다 더 생기 있지 않을까 싶다. 업무 외에 사람으로서의 기능을 단 하나도 하지 않는 것처럼 보인다. 생산적인 일을 하는 것 같지도 않고, 나를 즐겁게 하거나 돌보는 일도 하지 않고, 자기계발을 위한 일도 하지 않는다.

이런 삶이 누군들 즐겁겠냐만, 나는 그동안 내가 살아온 삶과 너무 달라서 꽤 당혹스러웠다. 몇몇 친구들은 나에게 이런 말도 했다. 취직도 했고 꼬박꼬박 월급도 나오니까 너무 괴로워 말라고. 그동안 바빴으니 쉬어가는 시간이라고 생각하라고. 이 시간을 잘 활용해서 다음 도약을 하자고.

맞는 말이었다. 나는 늘 열심히 달려만 왔고 나 자신을 들들 볶아가며 아등바등 성취하는 것에 몰두해왔다. 중·고등학교 때는 좋은 대학에 가려고 시간을 쪼개 공부했고, 대학교 때는 미국으로 대학원에 가기 위해 바쁘게 공부했고, 대학원에서는 살아남기 위해 미친 듯이 공부했다. 대학원 졸업 후에는 취직을 위해, 취직 후에는 좋은 성과를 내기 위해 언제나 숨 가쁘게 살았다.

그러니 아침 10시에 겨우 일어나서 대역죄인 머리를 하고서 산송장처럼 하루를 사는 내 꼴이 달가울 리가 없다. 사람은 자기 잘난 맛에 산다는데, 내가 너무 실망스러워서 살맛이 없다. 변화가 절실히 필요하다. 나의 하루를 다시 생산적으로 바꿔야 한다. 예전의 내 모습을 되찾고 싶다. 내 이야기를 들어줄 사람이 절실하다.

심리상담가 에린과의
첫 번째 만남

"하루 일과가 어떤지 얘기해주시겠어요?"

"재택근무를 하고 있는데 아침에 10시쯤 겨우 일어나요. 일이 바쁘지 않으니 아침에 굳이 일찍 일어나지 않게 되더라고요. 간단하게 아침 먹으면서 이메일 확인하고, 점심쯤에 오늘 처리해야 할 일 좀 하고 형식적인 줌 미팅 몇 개 하고 나면 오후 세네 시쯤 돼요. 그러고 나면 더 이상 할 일이 없을 때가 많아요. 그때마다 이렇게 무료하고 긴 하루를 어떻게 보내나 싶어요."

"현재 어떤 일을 하고 있나요?"

"데이터 매니저로 일하고 있어요. 신약 임상 실험에 참가하는 루게릭병 환자들의 데이터를 관리하고 분석하는 일이에요. 임상 실험을 진행하는 병원들이 데이터를 올바르게 입력하고 수집하고 있는지 확인하고 감독하고 있어요. 그런데 업무 특성상 반복이 많다 보니 지루하고 단순하게 느껴져요. 제가 하고 싶던 연구도 아니고요. 보람도 못 느껴요."

"왜 보람을 못 느끼나요?"

"글쎄요. 저는 제 가슴을 뛰게 하는 일을 하고 싶어요. 나에게도 의미 있고 남에게도 도움이 되는 일이요. 예를 들어 아프리카나 남미의 개발도상국에서 그들의 보건 환경과 공중보건을 개선하는 연구를 하고 싶어요. 제가 더 유용하게 쓰일 수 있을 것 같거든요. 예전에 재활치료사로 일할 때는 환자들을 직접 진단하고 치료하면서 가슴이 많이 뛰었어요. 제 도움으로 수술 후에 신체 기능을 회복하고 일상으로 돌아가는 환자들을 보는 게 참 좋았어요. 비록 제가 버틸 수 없어 그만두기는 했지만, 그때 느꼈던 뜨거움은 아직도 기억해요. 그래서 그런지, 임상 실험 환자들의 데이터만 다루는 일은 상대적으로 쉽고 지루하게 느껴져요. 즐겁지도 않은데다 보람도 훨씬 덜하고 가슴이 뛰지 않으니, 제가 하는 일이 아무런 의미가 없다는 생각이 들어요. 내가 쓸모없다는 생각까지 들고요."

"듣고 보니 왜 무미건조한 하루들을 보내고 있다고 얘기하는지 이해가 가네요. 상원 씨에게 있어서 일은 단순히 돈을 버는 수단이 아니라 삶의 의미와 연결되는 중요한 요소로 보여요. 그 일이 세상에 도움이 되고 가치 있는 일이어야 하고요. 현재 하고 있는 일이 그런 부분을 채워주지 않는다면, 당연히 하루하루가 의미 없게 흘러가는 것처럼 보이겠죠. 지금 하는 일이 흥미롭지 않고 단순하게 느껴진다면, 직무를 바꿔보는 건 어때요? 가치관에 부합하면서 조금 어렵다고 생각되는 일들에 도전하고 스스로가 성장하는 모습을 보는 것이 필요해 보여요."

"네, 맞아요. 정말 맞는 말씀이에요. 도전하고 배우면서 가치를 실현할 수 있는 일이 제게 더 맞아요. 그래서 이직을 준비하고 있어요. 6개월 안에는 이직하면 좋겠어요. 문제는 에너지가 없어요. 지금 현재의 무기력함 때문에 이직을 위해 쏟을 에너지조차 없는 상황이에요."

"이직할 계획이라니 정말 잘 생각하셨어요. 변화해야겠다고 생각하는 것이 변화의 첫 단계거든요. 지금 벌써 변하고 있는 거예요. 하루하루를 생산적으로 보낼 수 있도록 도와주는 두 가지 방법을 알려줄게요. 첫 번째로는, 행동 활성화 일지를 쓰는 거예요. 혹시 들어본 적 있나요?"

"아니요. 처음 들어봐요"

"행동 활성화 일지는 하루 동안 해야 하는 일들을 정해서 실천하는 일종의 생활 계획표 같은 거예요. 부모들이 갓난아이를 키울 때를 생각해보세요. 갓난아이들은 밥 먹는 시간, 낮잠 시간, 밤에 자는 시간이 정해져 있고 부모들이 최대한 그 루틴을 따르죠. 정해진 시간에 정해진 일을 하는 것은 사람에게 일상의 안정을 주기 때문이에요. 그런데 우리는 어른이 되면서 그런 규칙적인 생활에서 점점 벗어나요. 정해진 시간에 기본적인 생활을 하는 게 얼마나 중요한지 잊는 거죠. 그렇게 되면 일상이 흔들려요. 우리는 가장 기초로 다시 돌아가야 해요. 규칙적인 시간에 일어나고, 밥을 먹고, 씻고, 자는 것부터 시작해야 해요. 별거 없어 보이지만 일상을 되찾는 가장 첫 번째 단계이자 가장 중요한 부분이에요."

"듣고 보니 그렇네요. 저는 아침에 일어나는 시간, 밥을 먹는 시간, 잠에 드는 시간 모두 제멋대로예요. 이렇게 규칙도 없는 망가진 하루를 지내면 기분이 영 좋지 않아요."

"맞아요. 그리고 하나 덧붙이자면, 무기력하고 게으르다고 느껴질 땐, 하루를 생산적으로 보냈다는 느낌을 되찾는 것이 중요해요. 아침, 점심, 저녁별로 실천할 수 있는 한두 개의 작은 과제들을 정해놓고, 실제로 그것들을 실천해나가면서 성취감을 느껴야 해요. 거창한 목표부터 시작하면 실패할 가능성이 크니까, 정말 작은 과제부터 시작해야 좋아요. 예를 들어 '아침밥 챙겨 먹기' 혹은 '저녁에 10분 동안 산책하기'처럼요. 제가 자료를 보내줄 테니까 한번 보고 따라 해보세요."

"네, 그럴게요. 감사합니다."

"두 번째로 포모도로 기법은 실제로 일을 할 때 능률과 효율을 높이는 데 도움을 줘요. 방법은 매우 간단해요. 일을 하는 시간과 휴식 시간을 정해 알람을 설정해놓고, 그 시간에 따라 규칙적으로 일을 하고 쉬는 거예요. 예를 들어 25분 동안 일을 하고 5분 동안 쉬고 싶다면, 알람을 25분 후와 5분 후로 반복해서 설정해놓는 거죠. 포모도로 타이머 어플도 많으니, 한번 시도해보세요."

행동 활성화 일지
Behavioral Activation Diary

행동 활성화 일지는 하루하루의 할 일을 계획하고 기록하는 일상 시간표다. 무기력할수록 간단한 일정을 만들고 그것들을 실천하고 성취하면서 긍정적인 경험을 하는 것이 중요하다. 꾸준히 일상의 시간표를 세우고 실천하다 보면 습관이 형성되고, 그 습관들이 무기력에서 벗어나 생산적인 하루를 살 수 있게 하는 도구가 된다.

처음에는 실천할 수 있는 작은 일을 위주로 계획한다. 우울하거나 동기 부여가 되지 않을 때일수록 큰 계획이나 복잡한 일들은 좌절감만 줄 수 있다. 따라서 간단하고 작은 일들을 목표로 삼아 실천하면서 점진적으로 더 큰 계획을 세우면 좋다.

행동 활성화 일지 만드는 법

① 일주일 동안 해야 할 일, 계획한 일, 하고 싶은 일을 적는다. 사회 활동, 취미 활동, 업무, 수면 등이 포함될 수 있다. 주로 긍정적인 경험을 줄 수 있는 활동을 위주로 적는다.

② 적어두었던 활동, 과제, 일 등을 실천해나갈 때마다 그 활동에 '즐거움'과 '성취감' 점수를 0점부터 10점까지 매긴다. 예를 들어 '15분 동안 산책하기'는 즐거움 6점, 성취 5점을 줄 수 있다. 이렇게 활동마다 매일 점수를 매긴다.

③ 일주일 동안 시간표를 실천한 후, 어떤 활동에 높은 점수를 주었는지 살펴본다.

④ 다음 주 시간표를 만들 때 높은 점수를 주었던 활동을 더 자주 할 수 있도록 한다. 예를 들어 일주일에 한 번 했던 '산책하기'에서 큰 즐거움과 성취감을 느꼈다면 일주일에 두 번 할 수 있도록 시간표를 변경한다.

예시	아침	점심	저녁
월요일	•오전 8시 기상 (즐거움 3, 성취감9) •아침 챙겨 먹기 (즐거움 6, 성취감 5)	•15분 동안 산책 혹은 스트레칭 (즐거움 7, 성취감 8)	•부모님께 전화하기 (즐거움 7, 성취감 5) •책 읽기 (즐거움 7, 성취감 8)
화요일			
수요일			
목요일			
금요일			
토요일			
일요일			

　　가장 중요한 것은 최대한 시간표대로 실천하는 것이다. 우울감이 내가 행동하지 못하게 방해하려고 들 거다. 그럴수록 최대한 계획대로 실행하는 것이 무기력한 생활에서 벗어나는 가장 좋은 방법이다.

포모도로 기법
Pomodoro Technique

포모도로 기법은 일하는 시간과 짧은 휴식 시간을 규칙적인 간격으로 반복함으로써 일의 능률을 높일 수 있게 한다. 구체적인 이점은 이렇다.

일을 미루지 않고 쉽게 시작할 수 있다

해야 할 일이 있는데 자꾸만 미루고 미루다가 막판에 허겁지겁하는 경우가 종종 있을 것이다. 이때 자신의 게으름을 탓하기 쉬운데, 사실 미루는 습관은 게으르기 때문이 아니다. 자기통제능력이 부족하기 때문이다. 해야 할 일이 클수록 어디서부터 어떻게 시작해야 할지 갈피를 못 잡고 일이 부담스럽다. 부담스러우니 점점 더 하기 싫고, 그러다 마지막까지 미루기 일쑤다. 하지만 일을 25분 안에 쉽게 달성할 수 있는 작은 일로 쪼개면 시작이 쉬워진다. 예를 들어 하나의 완성된 에세이를 쓰는 것이 목표라면, 25분 동안 한 문단을 쓰기로 마음먹을 수 있다.

집중력을 높일 수 있다

우리 주변에는 집중력을 방해하는 요소가 매우 많다. 쉴 새 없이 울리는 이메일, 카톡, SNS 알람은 좀처럼 나를 내버려두지 않는다. '잠깐만 빨리 확인하고 다시 일해야지'라고 생각하고 핸드폰을 집어 들었다가 시간 가는 줄 몰랐던 적이 한두 번이 아니다. 이럴 경우, 포모도로 기법을 사용하여 '딱 25분 동안만 아무런 방해 없이 집중하자'라고 마음먹고 실천해보자. 자신을 통제하고 한 번에 한 가지에만 집중해서 일하는 연습은 나의 집중력을 높이는 데 큰 도움이 된다.

일의 효율과 생산성을 높인다

몇 시간 동안 휴식 없이 일하는 것은 생각만으로도 부담스럽고 힘이 빠진다. 작은 일들로 쪼개서 25분 동안 여러 번, 방해받지 않고 집중해서 일하면 일의 효율성과 생산성이 높아진다. 물론 단 한 번의 시도에 그렇게 되지는 않는다. 포모도로 기법의 핵심은 꾸준히 실천하는 것이다. 가능한 자주, 매일 실천해보도록 한다. 실천할수록 탄력과 가속도가 붙고 나중에는 짧은 시간 동안에도 많은 일을 끝낼 수 있게 될 것이다.

육체적·정신적 피로도를 줄일 수 있다

가끔 몰입이 잘될 때 혹은 일이 너무 많아서 도저히 휴식을 취할 수가 없을 때가 있다. 그러면 결국 목 근육도 뻐근하고 허리도 아프고 정신적으로도 피곤해져서 일의 효율이 줄어든다. 포모도로 기법은 규칙적으로 5분 동안 휴식하게 함으로써 피로도를 떨어뜨린다.

포모도로 기법 실천 방법

----

① 집중해서 하고 싶은 활동을 하나 고른다.

② 25분 안에 할 수 있는 일들로 작게 쪼갠다.

③ 알람을 25분 후로 맞추고서 일을 시작한다.

④ 25분 동안은 소셜 미디어, 뉴스, 이메일을 무시한다.

⑤ 25분이 끝나고 알람이 울리면 5분 동안 휴식한다.

⑥ ①~⑤를 네 번 반복하면 길게 휴식 시간을 갖는다.

행동 활성화 일지
실천 후기

실천 가능한 작은 목표들을 세우기 위해서 나의 생활을 이렇게 멍청하게 만드는 이유부터 알아보기로 했다.

① 일에서 오는 만족이 크지 않다.
· 내 가치관과 적성에 맞지 않는 분야
· 내 미래를 투영해봐도 설레지 않는 상사의 모습
· 비싸 죽겠는 보스턴에서 겨우 입에 풀칠할 월급
· 동료들과 교류할 수 없는 재택근무

② 패배감에 무기력하다.
· 전공과 직무 선택에 대한 후회
· 남들보다 먼 길로 돌아가고 있다는 느낌

③ 사회 활동이 없다.

· 친한 한국 친구들의 귀국

· 코로나 때문에 조심스러워진 약속 잡기

④ 나를 위한 긍정적인 경험이 부족하다.

· 늦잠

· 누워서 핸드폰 만지기

· 그때그때 대충 때우는 끼니

이렇게 문제들을 목록으로 만들어보니, 내가 왜 이렇게 침체됐는지 더욱 뚜렷이 알게 되었다. 그래서 문제들을 하나씩 해결할 수 있는 일들 위주로 계획을 세우기로 했다.

① 이직 준비를 한다.

· 데이터 분석가로 이직하기 위한 데이터 처리 언어(R, 파이썬, SQL) 공부

② 기분 전환을 한다.

· 긍정적인 에너지를 주는 영화 보기

· 생각의 전환(패배가 아닌 여정!)

· 카페에서 공부하거나 일하기

③ 사회 활동을 한다.

· 관심 있는 분야의 소모임

· 한인 커뮤니티

④ 나를 돌본다.

· 아침 8시 기상

· 운동

· 책 읽기

· 규칙적인 식사

이걸로 완성한 10월 첫째 주 행동 활성화 일지는 이렇다.

예시	아침	점심	저녁
월요일	·월요일에 가능할까 싶지만 오전 8시 기상 ·아침 먹고 행복하게 핸드드립 커피 마시기 ·매우 재미없는 오전 업무	·넷플릭스 틀어놓고 오후 업무	·친구랑 냠냠 맛있는 저녁 약속 ·탈출이 답이다! 이직 준비 ·글쓰기
화요일	·오늘은 성공하고 싶은 오전 8시 기상 ·아침 먹고 행복하게 핸드드립 커피 마시기 ·안 짤리기 위해서 오전 업무	·어서 빨리 탈출을 꿈꾸며 오후 업무	·요가 수업 가기 ·빨리 탈출하자! 이직 준비 ·글쓰기

수요일	• 제발 성공하고 싶은 오전 8시 기상 • 아침 먹고 행복하게 핸드드립 커피 마시기 • 월급은 코딱지만큼 주지만 그래도 오전 업무	• 오후 업무 다 하고 시간 남으면 이직 준비 • 퇴근 후 친구와 커피 마시기	• 묵주 기도 • 할 수 있어 이직 준비! • 신나게 카페에서 블루베리 치즈케이크에 라떼 마시며 글쓰기
목요일	• 포기하지마 오전 8시 기상 • 아침 먹고 행복하게 핸드드립 커피 마시기 • 이렇게 단순하고 재미없는 일이 또 있을까 싶은 오전 업무	• 그지 같아 죽겠지만 오후 업무	• 성당 온라인 모임 • 책 읽기
금요일	• 제발제발제발제발 오전 8시 기상 • 아침 먹고 행복하게 핸드드립 커피 마시기 • 금요일이니 룰루랄라 오전 업무	• 금요일이니 룰루랄라 오후 업무	• 치맥과 함께 행복하게 드라마나 영화 보기
토요일	• 친구랑 브런치 약속	• 신나게 카페 가서 블루베리 치즈케이크에 라떼 마시며 글쓰기	• 묵주 기도 • 책 읽기
일요일	• 성당 미사 가기	• 성당 대면 모임	• 글쓰기

일주일 실천 후 느낀 점

아침 8시 기상이 노력해야 하는 일이 된 것이 어처구니없었다. 매일 밤 '그래, 내일 아침 그냥 폴짝 일어나면 되는 거야'라는 다짐과 함께 가볍게 잠자리에 들었으나, 매일 아침 기상의 이유를 찾기 힘들어 내적 싸움을 하며 누워 있었다. 그래서 이것저것 시도해본 결과, 내게 가장 잘 맞는 아침에 일어나는 방법은 두 가지였다. 아침 식사용 좋아하는 음식 준비해놓기와 화상 영어.

주말에 버터향 가득한 크루아상, 게살 고로케, 크림치즈와 베이글을 잔뜩 사두었다. 핸드드립 커피를 만들기 위해 드리퍼, 필터, 드립포트도 샀다. 그러자 매일 아침 모닝커피에 맛있는 빵을 먹을 생각에 설레는 마음으로 일어나게 되었다. 역시 맛있는 게 최고다.

일주일에 한두 번 정도 아침 8시부터 50분 동안 화상 영어를 했다. 물론 7시 59분에 일어나서 부스스한 머리에 잠긴 목소리로 걸걸대며 말하는 게 상대방은 당황스러웠겠지만, 나를 강제로 일어나게 하는 데는 탁월했다. 집에만 갇혀서 말한마디 안 할 때도 많았는데, 사람하고 세상 돌아가는 얘기도 하고 영어 연습도 하니 기분 전환이 되었다.

저녁의 자기계발 시간은 이직 준비를 위해 썼다. 데이터 분석가가 되기 위한 온라인 강의를 들었다. 다행히 회사가 직업과 관련된 자기계발 비용을 지원해줘서, 한도 안에서 비용 걱정 없이 좋은 온라인 강의를 찾아서 들었다.

평일 밤에 조용히 글을 쓰고 책을 읽는 것은 나를 가장 나답게 해줬다. 주말에는 좋아하는 카페에 가서 글을 썼는데, 내가 일주일 중 가장 고대하는 일이었다. 평일 내내 적막한 집에서 재택근무를 하다가 주말에 카페에 가면 북적이는 사람들에게서 생기를 얻었다.

포모도로 기법
실천 후기

사실 처음에는 포모도로 기법에 크게 매력을 느끼지 못했다. 알람 설정 자체도 귀찮은데 일에 집중하는 시간이 단 25분이라니, 효율이 없어 보여 못 미더웠다. 25분 후 알람이 울리면 5분을 쉬어야 하는 것 또한 번거롭게 느껴졌다. 일의 흐름과 집중이 깨질 것 같기도 했다.

그래서 딱 한 번만 해보고 별로면 미련 없이 그만둘 생각으로 시도해보았다. 그런데 이게 웬걸, 25분은 아무런 방해 없이 오로지 일에 집중하기에 매우 긴 시간이었다. 띵띵 울려대는 카톡과 이메일을 매몰차게 무시하고서 굳세게 25분 동안 집중해서 일하는 것이 보통 일이 아니었다. 이제 그만하고 쉬고 싶은데 아무리 기다려도 알람이 울리지 않을 정도였다.

그제야 나의 집중력이 25분이 채 되지 않는 걸 깨달았다.

처음 이틀 동안은 '25분 집중 - 5분 휴식'의 사이클을 한 번씩 하고 천천히 횟수를 늘려나갔다. 그 후 3일 동안은 '25분 집중 - 5분 휴식 - 25분 집중 - 5분 휴식'으로 익숙해지는 시간을 가졌다. 그리고 적응이 되자 세 번도 가능해졌다. 그 결과 다음과 같은 변화가 생겼다.

자기통제력이 조금 더 길러졌다

핸드폰을 보거나 화장실을 가거나 전화를 하는 등, 모든 잡다한 일을 하지 않는 25분은 정말 나의 집중력을 반 강제로 높여주었다. 지금껏 난 책상에 오래 앉아 있기만 했지, 그 시간 동안 머릿속 여기저기서 튀어 오르는 잡다한 생각들로 부산하게 행동했다. '아 맞다, 여권 재발급하는 거 알아봐야지' 하고서 갑자기 보스턴 영사관에 전화를 하질 않나, '아 맞다, 진료 예약해야 하는데'라며 치과에 전화를 하질 않나. '아 맞다, 옷 환불해야 하는데' 하면서 쇼핑몰에 접속하질 않나······.

'아 맞다'를 나열하자면 끝도 없다. 여전히 25분은 마치 손이 꽁꽁 묶인 채로 일하는 듯한 긴 시간이지만 자기통제력은 조금씩 좋아지고 있다.

덜 피곤해졌다

25분 집중이 끝난 후 5분 동안 휴식을 취하니까 몸이 피곤한 느낌이 확실히 덜했다. 쉬는 동안은 무조건 책상에서 일어났다. 일어났는데 막상 할 일이 없거나 어떻게 휴식해야 할지 모를 때는 손이라도 씻었고, 커피라도 한잔 만들어 마셨다. 스트레칭도 하고 창문 열고 시원한 공기도 마셨다. 그렇게 쉬어주니까 정신적, 육체적 피로도가 훨씬 덜했다. 오후 3시가 될 때면 침대에 드러눕지 않고는 못 배겼는데, 이제는 앉아서도 잘 지낸다.

일의 효율과 생산성이 증가했다

딴짓으로 집중을 분산하지 않고 덜 피곤한 몸으로 일을 하니 당연히 효율과 생산성이 좋아졌다. 예전 같았으면 30분 만에 끝낼 일도 하기 싫어서 미적대며 한두 시간을 끌었을 것이다. 지지부진한 만큼 몸도 마음도 피곤했다. 하지만 좋은 컨디션으로 바짝 집중하자 낭비하는 시간도 줄고, 일을 완료하는 데 걸리는 시간도 줄었다. 쉬는 시간 5분 동안 유튜브를 더 길게 보고 싶어서 '더 길게 쉴까' 생각해버리고 마는 불상사가 있기도 하지만, 대체로 시간을 조금 더 유념해서 쓰게 됐으며 규칙적인 집중과 휴식을 반복하고 있다.

• 친구에게 말한다 생각하고, 최근 나의 생활을 요약해보세요.

• 마음에 들지 않는 생활이 있나요? 그 생활에는 어떤 이유가 있나요?

• 어떻게 해결할 수 있을까요?

• 행동 활성화 일지를 작성해보세요.

	아침	점심	저녁
월요일			
화요일			
수요일			
목요일			
금요일			
토요일			
일요일			

2장

초초하고 불안한 마음이 버거울 때

▷ 셀프헬프 2단계 ◁
불면증 극복하기

숙면을 취한 나의 몸과 마음이

점점 더 건강한 힘을 발휘할 것만 같고,

결국엔 눅눅하고 칙칙한 늪에서 나를 꺼내

햇볕에 잘 말려주기를 어제보다 희망차게 바라고 있다.

깨어 있는
밤은 괴로워

무기력의 늪에서 한 발자국씩 서서히 빠져나오고 있었다. 이직해야겠다는 목표와 규칙적인 일상을 되찾겠다는 의지가 생겼다. 행동 활성화 일지를 적으며 하루의 작은 목표들을 성취해나가니 자기효능감도 조금씩 회복했다. 어느 날은 집 밖으로 나가 분주한 카페에 앉아서 활력을 얻기도 하고, 영화 〈맘마미아〉를 계속 틀어놓고서 설레는 감정을 느껴보기도 했다. 일상에 활기를 주려고 노력하자 조금씩 천천히 변화가 찾아왔다. 시간은 조금 걸리겠지만 결국엔 할 수 있을 것만 같았다. 그 녀석이 오기 전까지는 그랬다.

불면증이 찾아와버렸다. 아무리 피곤해도 새벽까지 잠이 오지 않는다. 가까스로 잠이 들어도 자꾸만 깬다. 하루종일 쓸

쓸하고 지친 마음을 잠자는 동안만이라도 잊고 싶은데 호락호락하지 않다.

내가 도저히 잘 수 없는 이유는, 낮 동안 웅크리고 있던 생각들이 밤만 되면 두더지처럼 냅다 튀어 오르기 때문이다. 고요한 침대에 죽은 듯 누워 있노라면 삶에 대한 회의감부터 야무지게 고개를 내밀었다. 그리고 내 삶이 내 생각대로 흘러갈 수 있을지 의문이 스멀스멀 기어올라온다. 열심히 사는 것이 나의 삶을 보장해주지 않을 수도 있으며, 때로는 공정하지 않은 대가를 받는 것이 삶의 무서운 진리라는 생각도 날카롭게 파고든다.

그러면 불안함이 밤새 경주마처럼 내달린다. 마흔이 되어도 삶이 불안정할 것만 같고, 보스턴의 코딱지만 한 월세방을 벗어나지 못할 것만 같고, 외로운 노처녀 할머니로 늙어 죽을 것만 같다. 삶이 결단코 나를 내가 원하지 않는 어느 곳으로 데려가버릴 것만 같다.

어제는 '당장 내일 결혼하고, 내일모레쯤 졸부가 되게 해달라'고 우주에게 간곡히 청원했다. 무언가를 간절히 원하면 우주가 온 힘을 다해 이뤄준다면서, 파울로 코엘료 아저씨가 진리처럼 공표한 말은 사실이어야만 했다. 하지만 나의 허무맹랑한 소리가 닿기에 우주는 매우 광활했고, 눈을 뜬 오늘은 어제와 다르지 않았다. 밤은 오늘도 찾아왔고 불안함 속에서 반복되는 고뇌에 지쳐간다.

잠 못 이루는 밤이 몇 주째 지속됐다. 에린에게 달려가야겠다. 그녀는 불면증을 극복하는 방법들도 알고 있을 것이다. 깨어 있는 밤이 괴롭다.

심리상담가 에린과의
두 번째 만남

"그동안 어떻게 지내셨나요?"

"규칙적으로 생활하려고 노력하고 있어요. 말씀하신 대로 아주 작은 것부터 시작했어요. 세끼를 제때 챙겨 먹고, 예약한 요가 수업을 취소하지 않고 다녀오고, 책도 읽고 글도 쓰고요. 그런데 요즘 불면증 때문에 힘들어요. 밤에 잠이 오질 않아요. 그러다 보니 하루종일 계속 피곤하고 졸리고요. 반쯤 자고 있는 상태로 생활하고 있어요."

"밤에 몇 시쯤 주무세요?"

"12시쯤 누워서 새벽 두세 시쯤 잠드는 것 같아요"

"잠들면 숙면하시나요?"

"아니요. 자면서 열 번은 넘게 깨는 것 같아요. 또 금방 잠들지도 않아요."

"자꾸 잠에서 깨는 이유가 있나요?"

"글쎄요. 이유는 잘 모르겠지만 그때 느껴지는 감정들은 명확히 있어요. 자다가 깜짝 놀라며 눈을 번쩍 뜰 때도 있고, 불편하다는 느낌이 들어서 깰 때도 있어요. 침울하거나 슬픈 감정이 들어서 깨기도 해요. 내 인생은 망했다는 절망감과 함께 깨기도 하고요. 마치 자면서도 계속 생각을 하고 감정을 느끼고 있는 것처럼요."

"그렇다면 다시 잠들기 힘든 이유도 있나요?"

"다시 잠드는 게 힘든 이유는…… 잠들기 전에 했던 온갖 우울하고 슬픈 생각들이 1초 만에 다시 떠올라서요. 어쩌면 그 생각들이 저를 깨우는 것 같아요. 이렇게 태평하게 누워서 잠을 잘 때냐고, 앞으로 어떻게 살아야 할지 대책을 마련해야 하지 않겠냐고 저를 흔들어 깨우는 것 같아요."

"그렇군요. 지금 처한 상황이 괴롭고 심리적으로 힘들어서 그런 거네요. 사실 상원 씨가 맞닥뜨린 현실과 심리 상태에 대해서 우리가 얘기해야 할 것들이 매우 많아요. 계속 상담을 받고 노력하면서 심리적으로 안정이 되면, 수면 문제도 많이 해결될 것으로 보여요. 시간은 충분히 필요하지만요. 그렇다고 문제가 해결될 때까지 잠을 못 자면 안 되니까, 그동안 수면을 돕는 여러 가지 방법을 써서 잠을 일단 잘 자보기로 해요. 그러면 아침에 일어나는 것도 훨씬 수월해지고, 하루 종일 졸리지도 않을 거예요. 몸과 마음이 잘 휴식을 취하면 에너지도 생기고, 기분도 더 나아지고, 생각하고 판단하는 능력도 좋아질 거예요.

"네, 맞아요. 문제가 많죠. 그 문제들 때문에 잠도 못 자는 거고요. 말씀하신 대로 시간이 걸릴 듯해요. 저도 지금으로서는 잠부터 잘 자고 싶은 마음이에요. 잠을 못 자니까 기본적인 생활도 어렵고 무척 괴롭거든요."

"그럼 일단 두 가지 방법을 알려줄게요. 첫 번째로 수면 위생에 대한 자료를 보내줄게요. 수면 건강을 위해서 지켜야 할 생활 습관이 적혀 있으니 읽어보고 실천하려고 노력해보세요."

"네, 감사합니다."

"두 번째로 점진적 근육 이완법을 연습해보세요. 20분짜리 영상을 보내줄게요. 긴장된 근육들을 이완시킴으로써 수면을 돕는 방법이에요. 자기 전에 침대에 누워서 따라 하면 돼요. 정말 간단해요."

"네, 오늘 밤부터 해볼게요."

수면 위생
Sleep Hygiene

일상에서 하는 활동들, 특히 밤에 하는 행동들은 수면에 큰 영향을 미친다. 무엇을 먹고 마시는지, 어떤 활동들을 하는지에 따라서 숙면을 할 수도 있고 불면증을 겪을 수도 있다. 그래서 일상의 작은 변화만 만들어내도 수면의 질이 달라진다.

수면 위생이란 수면의 질을 높여주는 일련의 건강한 생활 습관과 규칙들을 말한다. 수면 위생을 실천하면 잠에 들거나 숙면을 취하는 것이 훨씬 수월해진다. 특히나 오랫동안 지속된 불면증에는 수면 위생이 가장 효과적인 장기 치료 방법으로 알려져 있다.

수면 위생, 어떻게 할까?

① 매일 정해진 시간에 일어난다. 주말에도 취침과 기상 시간이 평일과 1시간 이상 차이가 나지 않도록 한다.

② 수면 시간이 최소 8시간이 되도록 취침 시간과 기상 시간을 정한다.

③ 침대에서 생활하는 습관을 버린다. 잠을 잘 때만 침대에 눕는다. 뇌가 '침대는 잠을 잘 때만 사용하는 공간'이라고 인식하게 만들어야 한다.

④ 눕고 나서 20분 후에도 잠들지 못한다면 침대에서 일어나야 한다. 그리고 약한 불빛 아래서 조용한 활동들을 한다. 이때 전자기기를 사용하는 것은 피한다.

⑤ 침실을 조용하고 안락한 분위기로 조성한다.

⑥ 저녁에는 불빛 밝기를 약하게 조정한다.

⑦ 잠들기 최소 30분 전부터는 전자기기를 멀리한다.

⑧ 취침 전에 과식을 하지 않는다. 만약 허기가 느껴진다면 방울토마토 같은 가볍고 건강한 간식을 먹는다.

⑨ 규칙적으로 운동하고 건강한 식습관을 유지한다.

⑩ 오후와 저녁에는 카페인 섭취를 피한다. 디카페인 커피도 소량의 카페인이 있으니 주의한다.

⑪ 취침 전에 술 마시는 것을 피한다.

⑫ 취침 전에 물을 너무 많이 마시지 않는다.

점진적 근육 이완법
Progressive Muscle Relaxation

우리가 스트레스를 받거나 불안하고 초조해할 때, 몸의 근육들도 그 영향을 받아 덩달아 긴장한다. 목 근육이 뻐근해지거나 미간을 찌푸리고 인상을 쓰게 되는 것 등이 그 예다. 이렇게 우리는 정신이 육체에 영향을 미쳐 나타나는 신체적 현상을 일상에서 흔하게 경험하고 있다.

흥미로운 사실은 육체의 상태도 정신에 영향을 미칠 수 있다는 것이다. 한 연구 결과에 따르면, 몸의 근육들이 이완되면 불안함이나 초조함을 느낄 수가 없다고 한다. 이 점을 이용해 스트레스를 조절하고 마음을 편하게 만들어 수면할 수 있도록 하는 방법이 바로 점진적 근육 이완법이다. 점진적 근육 이완법은 머리끝부터 발끝까지 몸 전체의 근육들을 차례

대로 수축했다가 이완해서 몸의 긴장을 완전히 풀어준다.

방법은 간단하다. 숨을 들이쉬면서 각각의 근육에 5초에서 10초 동안 힘을 주고, 숨을 내쉬면서 근육의 긴장을 완전히 풀고 힘을 뺀다. 이것을 근육마다 순서대로 진행하는데, 다음으로 넘어가기 전에 10초에서 20초 동안 휴식한다. 만약 특정 근육에 힘을 주는 과정에서 통증을 느낀다면 즉시 중단하고 다음으로 넘어간다. 초반에는 동영상이나 오디오를 들으며 연습하다가 익숙해지면 혼자서도 할 수 있다.

점진적 근육 이완법 준비 방법
- -

① 편안한 자세로 앉거나 누운 자세로 시작한다.

② 최대한 몸에만 집중한다. 다른 생각이 들 때마다 다시 몸의 근육들에 집중하려고 노력한다.

③ 숨을 깊게 들이쉰 상태로 5초 동안 호흡을 참은 후 천천히 숨을 내쉰다. 숨을 들이쉴 때 공기가 폐 안을 채우고 복부가 올라가는 것을 느낀다.

④ 숨을 내쉴 때는 몸의 긴장이 사라지고 몸 밖으로 빠져 나가는 모습을 상상한다.

점진적 근육 이완법 실행 순서

① 이마:

눈썹을 최대한 높이 들어 올려 이마에 주름을 만든다. 5초 동안 유지한 후 빠르게 힘을 뺀다. 이마 근육이 이완된 것을 느끼며 10초 동안 휴식한다.

② 입과 볼:

크게 미소를 짓는 표정을 하면서 입과 볼 근육에 힘이 들어가게 한다. 5초 동안 유지한 후 빠르게 힘을 뺀다. 얼굴 근육이 부드러워진 것을 느끼며 10초 동안 휴식한다.

③ 눈:

눈을 꼭 감으면서 눈 근육을 수축시킨다. 5초 동안 유지한 후 빠르게 힘을 뺀다. 눈 근육이 이완된 것을 느끼며 10초 동안 휴식한다.

④ 목:

천장을 쳐다보는 것처럼 고개를 뒤로 젖힌다. 5초 동안 유지한 후 제자리로 돌아온다. 목 근육이 편해진 것을 느끼며 10초 동안 휴식한다.

⑤ 손:

주먹을 꽉 쥔다. 5초 동안 유지한 후 빠르게 주먹을 편다. 10초 동안 휴식한다.

⑥ 이두근:

팔을 접어서 이두근에 힘을 주면서 근육을 수축시킨다. 5초 동안 유지한 후 빠르게 팔을 펴며 힘을 뺀다. 팔 안쪽이 이완되는 것을 느끼며 10초 동안 휴식한다.

⑦ 삼두근:

팔을 편 상태로 삼두근에 힘을 준다. 5초 동안 유지한 후 빠르게 힘을 뺀다. 팔 바깥쪽이 이완되는 것을 느끼며 10초 동안 휴식한다.

⑧ 등:

어깨를 뒤로 당겨 날개뼈를 모으면서 위쪽 등 근육에 힘을 준다. 5초 동안 유지한 후 빠르게 힘을 뺀다. 근육에서 힘이 완전히 빠져나간 것을 느끼며 10초 동안 휴식한다.

⑨ 가슴:

흉곽을 크게 팽창해 호흡을 최대한으로 들이마시고 5초 동안 유지한다. 호흡을 내뱉으면서 가슴 근육이 편해진 것을 느끼며 10초 동안 휴식한다.

⑩ 배:

복부 근육을 안으로 끌어당겨 힘을 준다. 5초 동안 유지한 후 힘을 뺀다. 복부가 이완된 것을 느끼며 10초 동안 휴식한다.

⑪ 허리:

허리에 아치를 만들고 5초 동안 유지한 후 힘을 뺀다. 허리에서 힘이 완전히 빠져나간 것을 느끼며 10초 동안 휴식한다.

⑫ 엉덩이:

엉덩이 근육에 힘을 준다. 5초 동안 유지한 후 힘을 뺀다. 엉덩이 근육이 이완된 것을 느끼면서 10초 동안 휴식한다.

⑬ 허벅지:

두 다리를 편 상태에서 무릎을 서로 붙이고 허벅지 근육에 힘을 준다. 5초 동안 유지한 후 힘을 뺀다. 다리 근육이 완전히 이완된 것을 느끼며 10초 동안 휴식한다.

⑭ 종아리:

발등과 발가락을 위쪽으로 끌어당겨 종아리 근육이 당기도록 한다. 5초 동안 유지한 후 힘을 뺀다. 다리가 무거워지는 듯한 느낌을 느끼며 10초 동안 휴식한다.

⑮ 발가락:

발가락을 구부리면서 발바닥의 근육을 수축한다. 5초 동안 유지한 후 힘을 뺀다. 발바닥과 발가락이 편해진 느낌을 느끼며 10초 동안 휴식한다.

⑯ 몸 전체의 이완을 느끼며 휴식한다.

수면 위생
실천 후기

나의 불면증은 내 문제들과 심리 상태를 해결하고 마음이 평온해져야만 더욱 근본적으로 해결할 수 있다는 것을 알고 있다. 물론 완전히 괜찮아질 때까지 충분한 시간이 필요하지만, 우선 그 어떤 피상적인 해결책이라도 써서 잠을 잘 자고 싶었다. 그런데 에린이 보내준 수면 위생 자료는 좀 심했다. 겨우 한 페이지였고 실천 방법들도 매우 간단해 보였다. 얼마나 도움이 될지 의심이 들 지경이었다. 밤마다 내가 버둥대며 벌이는 사투에 비해 너무 시시해 보였다. 그래도 에린에게 해보긴 해봤다고 말하고 싶었기 때문에 일단 하나씩 시도했다.

처음 며칠 동안은 가장 쉽게 실천 가능한 것 한두 가지로 시작했다. 일상의 습관은 단기간에 모두 바꿀 수 없다. 며칠 동안은 한두 가지의 수면 위생법만 실천하면서 익숙해지는 시간을 가졌다. 익숙해지고 나면 또 한두 가지씩 늘려가면서 서서히 습관으로 만들었다. 그 결과 나는 총 여섯 가지의 수면 위생법을 익혔다.

첫 번째, 침대에는 잘 때만 눕기

뇌가 침대를 '잠자는 공간'으로만 인식하는 것이 중요하다는 말이 그럴싸했다. 그래야만 자려고 누웠을 때 더 쉽고 자연스럽게 잠이 든다고 한다. 난 낮에도 저녁에도 침대에 반쯤 누워서 생활했다. 몸이 늘 피곤하고 졸리니 누워 있는 게 편했다. 책상에 앉아서 일하다가도 30분 정도 지나면 노트북을 들고 침대로 갔다. 가끔은 미팅도 누워서 했다. (물론 카메라는 껐다.) 이제는 아침에 일어나서 저녁 9시까지는 최대한 책상에 앉아 있으려고 노력한다. 이렇게 하면 밤에 잠을 잘 수 있다니까, 어떻게든 앉아 있고 싶었다. 그래서 일도 책상에 앉아서 하고, 저녁에 글을 쓰거나 이직 준비를 할 때도 책상에 앉아서 한다.

두 번째, 밤에는 불빛을 약하게 하기

미국 집에는 전등이 천장에 붙어 있지 않다. 적어도 보스턴은 그렇다. 그래서 스탠딩 램프가 꼭 필요하다. 나는 방 안이 쨍하고 밝은 게 좋아서 스탠딩 램프가 세 개나 있다. (사실 하나 더 사고 싶은데 램프에 환장한 사람처럼 보일까 봐 자제하고 있다.) 밤 10시 30분 이후에는 침대 옆 램프만 빼고 나머지 두 개의 램프는 꺼서 방의 밝기를 약하게 한다. 나의 몸과 뇌가 서서히 스위치를 끄고 잘 준비를 하도록 하는 것이다.

세 번째, 커피는 오전에만 마시기

그동안은 스트레스를 입안에다 음식을 넣는 걸로 풀었기 때문에, 마음이 온전치 못할수록 끊임없이 먹어댔다. 계속 먹어대서 죄책감이 크게 드는 날이면 커피를 하루 종일 홀짝거렸다. 나름 신경을 쓴다고 오후에는 디카페인 커피를 마셔왔지만, 디카페인 커피에도 소량의 카페인이 있다는 걸 뒤늦게 알았다. 오후에 커피를 참는 것은 아직도 곤욕스럽다. 그래도 나의 밤이 처절하지 않을 수만 있다면 굳세게 참으리라.

네 번째, 이어플러그 꽂기

이건 경험으로 얻은 방법이다. 바로 수면 방해 요소를 차단하기 위한 도구를 쓰는 것! 나는 예민한 오감 때문에 잘 때들리는 아주 작은 소리에도 잘 깼다. 윗집의 발자국 소리, 냉장고 돌아가는 소리, 엘리베이터 소리에도 깼다. 그래서 이어플러그를 귀에 꽂고 자기 시작했다. 귀는 조금 답답하지만 수면 중간에 깨는 빈도가 줄었다.

다섯 번째, 일관된 수면 시간 지키기

규칙적인 나로 거듭나기 위해 수면 시간은 오전 12시 취침, 오전 8시 기상으로 정했다. 그래서 최소 8시간은 잘 수 있도록 했다. 나와의 약속을 얼마나 지킬 수 있을지 자신은 없지만 목표가 있다는 게 중요한 것 아닐까.

여섯 번째, 나를 위로하는 말 되뇌기

한밤중 잠에서 깼을 때는 내 인생이 망했고, 미래는 암담

하고, 불안해 죽겠다는 느낌이 나를 덮친다. 낮에는 그렇지 않은데 희한하다. 그래서 날뛰는 비이성을 잡아줄 만한, 나의 심장 구석구석까지 위로해주는 문장 하나를 찾아서 계속 되뇌었다.

두려워 말라. 무엇을 두려워하느냐.

성경 구절이다. 나보다 더욱더 큰 존재가 두려워 말라고 하시니 믿어도 될 것 같았다. '내가 해결할 수 없고 감당할 수 없는 문제를 다 맡아주시고 알아서 해주시겠지' 싶으면 길길이 날뛰던 마음이 안정되었다. 종교, 멘토, 책, 가족, 친구, 그 무엇에서든 마취총 맞은 것처럼 내가 안정되는 말이 하나라도 있다면, 잠 못 드는 밤 불안한 자신에게 계속 되뇌어주자.

점진적 근육 이완법
실천 후기

밤 11시 30분, 침대에 누웠다. 오늘 밤은 점진적 근육 이완법을 시도해보기로 마음먹었다. 얼마나 도움이 되려나 미심쩍어서 일주일을 미루고 있었다. 큰 기대가 없었기 때문이다. 근육 몇 번 힘줬다 빼는 것이 도대체 얼마나 도움이 되겠냐는 생각이었다. 에린과 상담을 앞두고, 하는 수 없이 숙제를 대충 해치우기로 했다.

어두운 방 안에 눈을 감고 누워서 에린이 보내준 유튜브 영상을 재생했다. 나긋나긋 나비 날갯짓 같은 목소리가 등장했다. "숨을 깊게 들이마시세요", "숨을 천천히 내쉬세요", "눈썹을 최대한 높이 위로 들어 올리세요"라고 세상만사 평화롭고 태평하게 말했다. 바로 그 간지러운 목소리에 순간 묘하게 집중됐다. 이 걱정 저 걱정 모든 걱정 끌어안고 방방 뛰던 나의 세계 밖으로 갑자기 끌려 나온 것만 같았다. 이제 그만 닥치고 네 평온에 집중하라고 한 대 맞고 진정된 느낌이랄까.

그래서 나도 모르게 몰입해서 따라 하게 되었다. "눈을 감고 얼굴을 찡그리세요"라고 하면 최선을 다해 쭈구리 표정을 만들어 찡그렸다. "이제 근육에서 빠르게 힘을 빼고 20초 동안 쉬세요"라고 하면 "휴우" 하고 추임새까지 넣어가며 쉬었다. 그렇게 약 20분에 걸쳐 이마를 지나 얼굴, 가슴, 배, 엉덩이, 허벅지, 종아리, 발 근육에 힘을 줬다가 빼는 일을 반복했다.

신기하게도 점점 온몸이 가벼워지는 것이 느껴졌다. 혈액 순환이 되는 것도 느껴졌다. 결국 20분짜리 영상이 끝나자마자 나도 모르게 잠에 빠졌다. 에린은 중간도 못 가서 잠들었다고 했는데, 그때는 그저 만사태평한 사람인 줄 알았다. 꼼지락꼼지락 근육에 힘을 줬다 뺐다고 이렇게까지 내 몸과 마음이 안정되다니, 직접 경험하고도 믿기질 않는다. 그 순간만큼은 누군가의 목소리와 나의 근육에만 집중하니까 고민과 괴로운 생각들이 비집고 들어올 수 없었기 때문인 듯 했다. 몸과 정신은 연결돼 있다더니 참말인가 보다.

점진적 근육 이완법을 실천하면서 나도 모르게 온몸의 근육이 오랫동안 긴장 상태였다는 걸 깨달았다. 또한 감정을 조절하는 방법을 알았다. 내 몸을 쓰면 감정을 추스를 수 있다. 뇌는 몸이 이완과 휴식 상태에 있을 때 우리가 편안하고 안정된 상태에 있다고 착각한다. 점진적 근육 이완법으로 이 사실을 몸소 깨달은 셈이다.

결국 점진적 근육 이완법은 수면뿐만 아니라 스트레스와 불안까지 빠르고 효과적으로 다스릴 수 있는 방법이었으며, 이걸 이제라도 터득해서 큰 안심을 느낀다. 마치 급체했을 때 먹을 비상약을 구비한 느낌이다. 점점 더 고요한 밤에 다가가고 있다. 숙면을 취한 나의 몸과 마음이 점점 더 건강한 힘을 발휘할 것만 같고, 결국엔 눅눅하고 칙칙한 늪에서 나를 꺼내 햇볕에 잘 말려주기를 어제보다 희망차게 바라고 있다.

• 수면 위생법 중 실천해보고 싶은 방법은 무엇인가요?

매일 같은 시간에 일어나기	7~8시간의 수면 시간 확보하기	침대에는 잘 때만 눕기	눕고 20분 후에도 잠이 들지 않으면 침대에서 일어나기
조용한 분위기 만들기	조명 밝기 조절하기	전자기기 덮어두기	과식하지 않기
규칙적으로 운동하기	카페인 섭취하지 않기	술 마시지 않기	잠들기 전에는 물을 조금만 마시기

• 나만의 방법이 있다면 무엇일까요?

• 매일 __시에 일어나기

• __시간의 수면 시간 확보하기

• 침대에 눕고 나서 __분 후에도 잠들지 않는다면 침대에서 일어나 _____하기

• 잠들기 전에 _____먹지 않기

•

•

•

3장

화가 나고 슬픈 일에 힘겨울 때

▷ **셀프헬프 3단계** ◁
현실 부정 극복하기

"통제할 수 없는 일이 아니라
　통제할 수 있는 일에 집중해야 해요."

제발 남자친구
주지 마세요

꽤 오랜 시간 동안 나는 '제발 남자 친구 주지 마세요'라고 간절히 기도했다. 그동안 나를 스쳐 지나간 숱한 쭉정이들 때문에 내 인생이 보통 꼬인 것이 아니다. 이런저런 다양한 쭉정이들이 나의 평온을 땅바닥에 내동댕이칠 때마다 눈을 꼭 감고 '이 XX 또한 지나가리라'며 마음을 달랜 것이 구백 번은 된다. 내 팔자는 남자 만나면 꼬이는 팔자라고, 그러니 남자를 절대 만나면 안 된다고, 행여나 누가 와서 붙을까 겁난다고 껄껄대며 자조적인 농담을 해댔다.

그런데 어느 날 나의 지축을 흔드는 사람이 나타났다. 이렇게 따뜻하고 바르고 그늘 없고 선하고 유쾌하고 선비 같은 사람이 존재하다니, 놀라웠다. 내가 이런 사람을 만났다니, 더욱 놀라웠다. 이 사람이 나를 좋아한다니, 더더욱 놀라웠다. 현실 같지 않았다. 하늘에서 갑자기 툭 떨어진 선물 같았다. 그는 일분일초도 쉬지 않고 내 마음의 종을 울렸다. 그는 나의 영혼 구석구석을 채워주고 반짝반짝 닦아주고 따뜻하게 품어줬다.

'제발 남자친구 주지 마세요'라고 기도했던 나는 경솔하게 입방정을 떤 것에 백번 용서를 구하며 그와 행복한 가정을 꾸릴 수 있게 해달라고 기도하기 시작했다. 공기마저 황량한 외국땅에서 그와 따뜻하고 튼튼한 울타리를 만들고 싶었다. 밖에서 아무리 천둥 번개가 쳐도 따뜻한 저녁 식사가 차려지는 안락한 가정을 꾸리고 싶었다. 그리고 나의 쭉정이 경험 데이터베이스를 빡세게 돌려본 결과, 그는 다른 사람들과 다르다고 확신했다. 그의 한결같이 다정하고 따뜻한 모습과 나를 향한 변하지 않는 사랑에 더욱더 확신했다. 그와 함께하는 세상에서 평생 행복하게 살고 싶었다. 이것만이 나의 유일한 목표가 되었다. 그날이 오기 전까지는…….

그에게 전화 한 통이 걸려왔다. 아버지였다. 순간 이상한 긴장감이 감돌았다. 그는 긴 통화 동안 짧게 주눅들은 대답만 했다. 그의 얼굴은 왠지 모르게 점점 잿빛으로 변해갔다. 무언가 불길했다. 시간이 얼마나 지났을까. 마침내 그는 수척해진 얼굴로 긴 통화를 마쳤다. 그리고 갑자기 차가운 얼굴로 내게 무작정 말했다. "우리 헤어지자."

나를 많이 사랑하지만 부모님이 반대하신다고, 그만하고 싶다고 했다. 느닷없는 상황에 갑자기 뒤통수를 세게 따-악 맞은 것 같았다. 이 개떡 같은 소리가 무슨 소리인지, 황당함에 온몸의 세포가 방방 뛰었다. 무슨 상황인지 설명해달라고 해도 그는 마치 무언가에 씐 사람처럼 그저 힘들다는 말만 반복했다.

그가 내게 아무런 설명도, 존중도 없이 떠난 후, 내 하늘은 두 조각이 났다. 그의 진실하지 못한 마음과 성숙하지 못한 사고에 화가 난다. 어떻게 나한테 이럴 수 있는지 배신감이 몰아친다. 나 또한 그를 당장 털어내버리고 싶지만 상황을 쉽게 받아들일 수가 없다. 마구 슬퍼하다가도 '왜?'라는 의문이 머릿속에서 끝도 없이 펼쳐진다. 이게 말이 되는 상황인지, 도대체 왜 이런 일이 발생한 건지, 왜 헤어져야 하는 건지, 어떻게 하면 마치 없던 일처럼 되는지……. 생각이 꼬리를 물수록 나는 더욱 절망스럽다. 결코 이 상황을 받아들일 수 없다. 어떻게든 사실이 아니어야만 한다.

에린에게 메시지를 남겨야겠다. 정해진 날짜보다 더 빨리 만날 수 있겠냐고, 아니 지금 당장 상담 가능하냐고.

심리상담가 에린과의
세 번째 만남

"그 사람이 어떻게 이럴 수 있죠? 저한테 하루아침에 이런 일이 생긴 게 믿기지가 않아요. 너무 억울하고 답답해요. 어디서부터 잘못된 건지 생각해봐도 도저히 모르겠어요. 그래서 왜 이런 일이 벌어졌는지 쉬지 않고 생각하고 있어요. 열심히 생각하다 보면 그 사람이 내게 왜 그랬는지 답이 나올 것만 같거든요. 답을 알아내면 이해할 수 있을 것 같고, 이해를 하면 덜 괴로울 것 같아요. 이렇게 생각하다 보면 머리가 너무 아파 힘들어요."

"얼마나 황당하고 슬프시겠어요. 지금 상황은 누구에게도 쉽지 않은 상황이에요. 이런 때일수록 나 자신을 잘 돌봐야만 이 시기를 잘 넘길 수 있어요. 나를 돌보지 않고 지금처럼 왜 이런 일이 발생한 건지 이해하려는 건 전혀 도움이 되지 않아요."

"어떻게든 이 상황을 바꾸고 싶어서 그래요. 생각하다 보면 예전으로 돌아갈 수 있는 방법을 찾아낼 수 있을 것만 같단 말이에요."

"그 마음 이해해요. 하지만 이 세상에서 나 자신 외에 내가 통제할 수 있는 것은 없어요. 타인의 생각이나 행동은 내 통제 밖의 일이에요. 상처를 주고 떠난 그 사람의 마음을 우리가 어떻게 온전히 이해할 수 있겠어요. 도대체 왜 그런 일이 발생했는지 계속 생각한다고 해서 답을 알아낼 수도 없고, 답을 알아낸다고 해도 지금의 상황이 바뀌지 않을 거예요. 통제할 수 없는 일이 아니라 통제할 수 있는 일에 집중해야 해요."

"그렇네요. 제가 아무리 생각한다고 해도 그 사람의 생각은 알아낼 수가 없겠네요. 제 머릿속이 아니니까요. 제가 할 수 있는 게 아무것도 없네요. 그럼 전 이제 어떻게 해야 하죠? 이 상황이 너무 괴로운데 제가 무엇을 어떻게 해야 하나요?"

"혹시 '근본적 수용'이라고 들어본 적 있어요? 도저히 이해할 수 없고 힘든 상황을 그대로 인정하고 받아들이는 거예요. 자신의 통제 밖의 상황을 있는 그대로 수용하는 거죠. 그럼으로써 고통이 줄어들 수 있거든요."

"받아들이라고요? 지금 이 황당한 상황에서 뭘 받아들여요? 이해가 선행돼야 받아들일 수 있지 않나요?"

"현재 발생한 일을 있는 그대로 인지하라는 뜻이에요. 받아들이라는 말이 '지금 이런 일이 나에게 일어나도 괜찮다'라든지, '이런 일을 당해도 마땅해'라고 생각하라는 뜻이 아니에요. 힘들지 않아야 한다는 뜻도 아니고요. 때로는 이해할 수 없는 상황일수록 그대로 받아들이는 것이 더 나을 때가 있어요. 내게 그런 일들이 일어났다는 것을 그대로 인정할 때, 마음이 덜 고통스러워요. 힘든 상황을 겪고 감정적으로 슬프고 화가 나는 것은 지극히 정상적인 반응이에요. 그렇지만 마음이 고통스러운 것은 다른 얘기예요. 그 상황을 얼마나 잘 받아들이냐에 따라서 슬픔이 고통으로 가는 것을 막을 수 있거든요."

근본적 수용
Radical Acceptance

에린의 설명을 한 번에 이해하기는 어려웠다. 괴로워서 어떡하냐고 했더니 그냥 받아들이라니……. 하지만 나를 덮쳐오는 감정의 산사태를 제때 피하려면 무엇이든 하고 싶었다. 일단 에린이 보내준 근본적 수용에 대한 자료들을 읽어볼 수밖에 없다.

근본적 수용의 올바른 자세

근본적 수용이란 내 통제 밖의 상황들을 판단하지 않고 그대로 받아들이는 것을 말한다. 어려운 상황과 감정을 그대로 인정하고 받아들이기 위해서 의식적으로 노력하고 실천하는 것. 힘든 상황이 닥쳤을 때 마음이 고통스럽고 괴롭다면, 최대한 스스로를 그 상황에서 분리하는 연습을 해야 한다. 이미 지나갔거나 지금 벌어진 상황 속에서 계속 머무는 것은 고통을 연장하는 것에 불과하기 때문이다. 아이러니하게 들릴 수도 있지만, 과거와 현재의 상황을 그대로 인지하고 수용하는 것이 나를 힘들게 하는 상황에서 벗어날 수 있는 시작점이다.

감정을 억제하거나 처한 상황을 외면하라는 뜻이 아니다. 상황에 따라 슬픔, 실망, 분노 등 다양한 감정을 느끼는 것은 지극히 정상이다. 하지만 상황 자체가 주는 아픔보다 필요 이상으로 스스로를 고통스럽게 하거나 괴롭히고 있는 것은 아닌지, 나의 생각과 감정을 세심하게 살펴볼 필요가 있다. 따라서 '힘든 상황'이 그 이상의 '고통스러운 마음'으로 이어지지 않도록 의지를 가지고 노력해야 한다. 그 노력 중 하나가 '근본적인 수용'이다.

진정한 수용의 자세는 '난 이런 일을 당할 만해'라면서 세상에 내게 주는 고난에 함께 '동조'하거나, '이런 일이 나에게 일어나도 괜찮다'며 '동의'하는 것이 결코 아니다. 그저 현재의 상황을 있는 그대로 보고 인정하는 것, 그럼으로써 감정 소모를 최대한 줄이고 힘든 마음에서 벗어날 수 있도록 스스로를 돕는 것이다. 부정적인 감정에서 빠져나와야만 내가 해결할 수 있는 것들에 더욱 집중할 수 있는 에너지가 생기며, 감정과 이성이 균형을 잘 이뤄야 자신을 더 잘 돌볼 수 있다. 힘든 감정을 잘 다뤄내야만 문제 해결을 위한 행동을 취할 수 있기 때문이다. 이런 맥락에서 근본적 수용은 내가 처한 상황을 '나쁘다'거나 '틀렸다'는 그 어떤 판단 없이, 상황이 일어났음을 인지하는 것이다. 그래야만 다음으로 나아갈 수 있다.

근본적 수용을 언제 적용해야 할까?

근본적 수용은 내가 고치거나 바꿀 수 없는 일이 생겼을 때, 혹은 부당한 일을 겪었다고 느낄 때 적용하면 큰 도움이 된다. 예를 들면 사랑하는 사람을 잃거나, 직장을 잃거나, 내가 원하지도 않았고 통제할 수도 없는 일이 발생할 때가 있다. 이때 느껴지는 슬픔과 실망은 정상적인 감정 반응이다. 또한 '왜 이런 일이 발생했을까'라며 억울하고 분한 마음이 들 수도 있다. 하지만 '고통스러운 마음'이 드는 것은 다르다. 고통스러운 마음은 현실을 수용하지 않고 아픔과 슬픔을 오랫동안 간직했을 때 나타나는 반응이다. 예를 들어 다음과 같은 상황에서 근본적 수용을 연습한다면 슬픔이 고통으로 변하지 않도록 막을 수 있다.

- 이별을 경험하고 인생의 다음 단계로 넘어가고 싶을 때
- 내가 통제할 수 없는 예상치 못한 변수를 맞닥뜨렸을 때
- 사랑하는 사람을 잃었을 때
- 직장을 잃었을 때
- 트라우마를 겪었을 때
- 어린 시절 학대나 방임을 당했을 때
- 현실을 받아들이지 않는 것이 더 큰 고통을 일으킬 때
- 부정적인 사건에서 벗어나올 수 없다고 느낄 때
- 과거를 놓지 못할 때
- 문제를 해결하거나 개선할 가능성이 없다고 느낄 때
- 고통을 줄이기 위해 다른 방법들을 시도했지만 아무 소용없을 때

근본적 수용의 예시

나는 수용을 하고 있을까? 수용하지 못할 때 나타나는 신호들은 무엇일까? 부정적인 상황에서 슬픔이나 분노를 느끼는 것은 매우 자연스러운 반응이다. 하지만 스스로를 탓하거나 남을 비난하거나 그저 상황이 달라지길 바라는 것은 현실에 대한 수용이 부족하다는 신호다. 이런 태도는 스스로를 더욱 소모시킬 뿐이며 상황 해결에도 도움이 되지 않는다. 다음 예시는 수용을 하지 못할 때 나타나는 생각의 패턴들이다. 이런 생각들을 하고 있는 자신을 발견한다면 근본적 수용을 연습할 필요가 있다.

난 이 문제를 해결할 수 없어.

인생은 너무 불공평해. 모든 불운은 다 내게만 오는 것 같아.

왜 이런 일이 생겼지? 왜 하필 나야? 왜 하필 지금이야?

내가 도대체 뭘 잘못했길래 이러는 거야?

나에게 이런 문제가 생겼다니, 믿을 수 없어.

난 다시 괜찮아질 수 없어. 난 평생 괴로워할 거야.

애초부터 이런 일은 나에게 일어나면 안 되는 거였어.

왜 수용을 하지 못할까?

수용의 개념을 나에게 오는 힘든 상황들에 동조하거나 동의하는 것으로 생각하는 경우 기피하게 된다. 또한 적나라한 현실과 고통을 직면하는 일이 두려워서 그럴 수도 있다. 하지만 현실을 부정하고 기피하는 태도는 장기적으로 봤을 때 정신 건강에 좋지 않다. 따라서 침착한 마음으로 근본적 수용을 연습해서 부정적인 감정들을 잘 처리해야 한다. 그렇게 한다면 결국엔 문제 상황에서 한 걸음씩 앞으로 나아갈 수 있는 힘을 얻게 될 것이다.

근본적 수용을 어떻게 연습해야 할까?

근본적 수용은 누구나 연습하면 습득할 수 있는 셀프헬프 방법으로, 더 많이 연습할수록 더 잘하게 된다. 연습 방법은 다음과 같다.

① 호흡에 집중해본다. 호흡을 깊게 들이마시고 깊게 내쉬면서, 현재 내가 하고 있는 생각들을 제3자가 되어 멀찍이 떨어져서 살펴본다. 몰입이 잘되지 않는다면, 부정적인 감정과 생각들이 그냥 흘러가도록 내버려둔다는 생각도 좋다.

② 자가 진단을 한다. 자신이 현실을 부정하거나 회피하는 생각들을 하고 있는지 알아본다. 앞에서 소개한 '수용이 부족할 때 나타나는 신호들'을 참고한다.

③ 내 힘으로 해결할 수 없는 상황이라면, 지금의 문제나 현재 상황은 바뀌지 않는다는 사실을 스스로에게 소리 내어 말해준다.

④ 내 안에서 드는 자연스러운 감정들을 그대로 써본다.

⑤ 아무리 사소하더라도 내가 할 수 있는 일을 계획한다.

⑥ 위로와 도움이 되는 나만의 문장을 수집한다.

⑦ 내가 통제할 수 있는 일과 없는 일을 구분한다.

⑧ 명상을 통해 현재에 집중하는 연습을 한다.

⑨ 내 감정이 차분해지는 활동을 찾는다.

⑩ 자신을 '이 상황에 처한 사람'이 아니라, '이 상황을 바라보는 사람'으로 생각한다.

⑪ 내게 떠오르는 생각들 중에서 무엇이 사실이고 현실인지, 무엇이 막연한 두려움과 쓸데없는 걱정인지 구분한다.

⑫ 현재 상황을 내 힘으로 통제하거나 바꿀 수 있다는 생각을 버린다.

⑬ 상황을 '좋다' 혹은 '나쁘다'로 판단하지 않는다.

⑭ '그때 이렇게 했어야 했는데'라는 생각에서 벗어난다.

수용하지 말아야 할 때도 있을까?

근본적 수용을 모든 고통스러운 상황에서 적용해야 하는 것은 아니다. 오히려 부적절할 때가 있다. 바로 수용이 아닌 '변화'가 필요한 때다.

- 타인으로부터 추행을 당할 때
- 직장에서 불이익을 당하거나, 노동력을 착취당하거나, 부당한 임금을 받을 때
- 타인으로부터 부당한 대우를 받거나 존중받지 못할 때
- 상황을 통제할 수 있는 능력이 어느 정도 있을 때
- 변화를 도모함으로써 발전할 수 있을 때
- 두려움 때문에 일부러 행동에 옮기지 않을 때
- 근본적 수용을 현실에 안주하기 위한 도구로 쓸 때
- 나 자신이 아닌 다른 사람들의 만족을 위해서만 살 때

궁극적인 목적

근본적 수용은 수동적으로 상황을 받아들이는 것이 아니다. 있는 그대로의 현실을 적극적이고 의도적으로 받아들이

는 것이다. 근본적 수용의 목적은 '힘든 상황 속에서도 내가 할 수 있는 것들을 생각하고, 그것을 행동으로 옮기게 만드는 것'이다. 이를 위해서는 당연히 꾸준한 연습이 필요하다. 예를 들어 만성질환을 가진 환자가 자신의 질병을 근본적으로 수용한다면, 인생에서 본인을 행복하게 해주는 다른 요소들을 발견하고, 인생은 여전히 살만한 가치가 있다고 여기게 될 것이다.

타인의 죽음을 대하는 태도 역시 그렇다. 사랑하는 사람이 갑자기 죽게 된다면, 그 죽음이 가지는 부당함과 인생의 불공정함에 몰두하고 한탄하기 쉽다. 하지만 수용하는 태도를 가진다면 슬픈 감정을 추스를 적절한 방법을 찾는 데 집중할 수 있게 된다. 즉, 감정에만 몰두하는 것이 아닌, 그 상황을 극복할 수 있고 빠져나올 수 있는 방법에 몰두하는 것이 근본적 수용의 궁극적인 목적이다.

근본적 수용
실천 후기

고백하자면, 처음에는 바로 받아들일 수 없었다. 마치 내 인생이 망했노라고 순순히 인정하는 것 같았기 때문이다. 이 황당한 현실을 온 힘을 다해 부정하면 물리칠 수 있을 것만 같았다. 수신인이 거부하면 메시지는 응당 되돌아가야 한다. 그래서 계속 거절했다.

하지만 그럴수록 더 괴로웠다. 불안하고 슬프고 억울하다는 생각에 과하게 몰입했고 감정이 휘몰아쳤다. 일상이 순식간에 무너졌다. 행동 활성화 일지나 수면 위생을 실천할 수 없을 정도로 마음이 어지러웠다. 무기력과 불면의 밤이 다시 거세게 찾아왔다. 악순환이었다. 이제는 아무것도 나의 하루를 구제해줄 수 없을 것만 같았다. 몸과 마음이 지쳐만 갔다.

그런데 오만가지 생각을 하다가, 문득 '고통스러운 마음이 드는 것은 현실에 대한 수용이 부족하다는 신호'라는 말이 떠올랐다. 그 순간 내가 이렇게 괴로운 이유는 현실이 무지막지하기 때문이 아니라, 내가 저항하고 있기 때문이라는 생각이 들었다. 그래서 에린이 보내준 근본적 수용 자료를 다시 펼쳐 천천히 읽어봤다.

근본적 수용을 위한 자가 진단

먼저 내가 정말로 현실을 못 받아들이고 있는 건지, 수용이 부족할 때 나타나는 생각 패턴을 참고해서 자가 진단을 해봤다.

난 이 문제를 해결할 수 없어.
난 이제 망했어.

인생은 너무 불공평해. 모든 불운은 다 나에게만 오는 것 같아.
남들은 다 결혼해서 잘만 사는데, 난 뭐지?

왜 이런 일이 나에게 생긴 거야? 왜 하필 나야? 왜 하필 지금이야?

내가 뭘 잘못했지? 어디서부터 잘못된 거지?

나에게 이런 문제가 생기다니, 믿을 수 없어.

정말 이게 내 현실이라고? 꿈이 아니라고?

난 다시 괜찮아질 수 없어. 난 평생 이 문제로 괴로워할 거야.

난 다시는 사랑할 수 없을 거야. 결혼도 못 할 거야.

애초부터 이런 일은 나에게 일어나면 안 되는 거였어.

처음부터 그 사람을 만나는 게 아니었어.

비교하고 보니 내 생각들이 곧 현실을 부정하는 생각이었다. 난 지극히 이성적이고 현실을 직시하는 줄 알았는데, 놀랍게도 그게 아니었다. 그래서 왜 이런 생각들이 드는지, 왜 수용하지 못하는지 생각해봤다.

첫 번째로, 받아들이려는 생각조차 하지 않았다. 갑작스럽고 일방적인 이별이 분했기 때문이다. 분해 죽겠는데 이 상황을 순순히 받아들이라니, 가당치도 않았다. 인정하면 패배자가 되는 것만 같았다.

두 번째로, 지금 당장 상황을 해결해야 한다는 생각뿐이었다. 문제가 발생했을 때는 반드시 방법을 찾아내 해결해야 한다고 생각했다. 지금 난 그의 마음을 되돌리는 것만이 유일한 해결책이라 믿었다.

세 번째로, 수용하는 것이 포기하는 것처럼 느껴졌다. 아직 해결 방안을 찾지 못했고, 조금만 더 노력하면 해결할 수 있을 것만 같았다. 그의 마음을 돌릴 수 있을 것만 같았다. 그렇게 된다면 지금 상황이 나아질 텐데, 포기하면 그저 안주하는 꼴이 된다. 벗어나야 한다. 그래서 포기할 수 없었다.

네 번째로, 지금 이 현실이 끔찍했다. 자꾸만 과거로 돌아가서 무엇이 잘못됐는지 생각했다. 아니면 미래로 가서 일어나지도 않은 일들을 상상하고 걱정했다. 과거와 미래에 대한 생각들이 결코 즐거움을 주지 않았지만 현실을 대면하는 것보다는 나았다.

이렇게 자가 진단을 해보니, 나를 괴롭히는 생각의 뿌리가 어디인지 더 깊게 내려가서 볼 수 있었다. 어쩌면 그동안 스스로가 만들어낸 비극의 시나리오 안에 갇혀서 필요 이상으로 괴로워했던 건 아닌지, 정신이 슬며시 깨어나는 느낌이 들었다. 이제야 진짜 현실을 직시하는 기분이었다. 그러자 근본적 수용을 연습해볼 마음이 생겼다. 내가 근본적 수용을 연습한 방법은 다음과 같다.

부정적인 생각 멈추기

에린이 말한 것처럼, 일은 이미 벌어져버렸고, '왜 이런 일이 발생했지'라는 생각은 아무 소용이 없다. 따라서 상황을 바꿀 수 있을 거라는 헛된 희망을 그만 품고, 현실을 그대로 받아들이기로 했다. 다만 나의 경우, 무턱대고 '내가 해결할 수 없어'라고 단정 짓는 것은 도움이 되지 않았다. 포기하는 것 같아서였다. 가능성을 따져보고 머리로 납득이 돼야만 인정할 수 있었다.

가장 납득이 돼야만 했던 부분은, 내가 상대방의 행동과 마음을 바꿀 수 없다는 사실이었다. 바꿀 수 있을 거라고 착각했던 며칠이 지나고서야, 때로는 나조차도 내가 무슨 생각을 하는지 알 수 없던 날들이 떠올랐다. 결국 타인의 마음을 내가 원하는 대로 바꾸기란 인간의 영역이 아니라는 생각이 들었고, 비로소 인정할 수 있었다.

다음으로 생각을 멈추기로 했다. 지금 상황은 내 통제 밖이라고 받아들이고 나니, 해결 방안을 찾아서 여기저기 뛰어다니지 않아도 됐다. 즉, 생각을 더 한다고 해서 문제가 해결되는 것도 아니고, 생각을 그만한다고 해도 내 상황이 더 나빠지지 않는다는 뜻이었다.

처음에는 "후" 하고 촛불 끄듯이 생각이 쉽게 사라지지 않았다. 현실을 인정하고 받아들이겠다는 다짐을 하면서도, 여전히 삶이 부당하고 야속하다는 생각이 머리 한쪽 구석에서 빼꼼 고개를 들었다. 무엇보다 부정적인 생각을 멈출 수 있는 방법이 필요했다.

내게 생각을 멈추는 가장 효과적인 방법은 다른 생각이나 활동으로 뇌 공간을 다 차지해버리는 것이었다. 내게 가장 효과가 좋았던 것은 책이었다. 책을 읽음으로써 뇌가 다른 생각에 몰입하게 만들었다. 드라마나 영화를 볼 때는 눈만 화면을 응시할 뿐, 머릿속에는 괴로운 생각들이 끊임없이 재생됐다.

좋아하는 책을 읽을 때는 그럴 틈이 없었다. 책에 빠져들면 그 시간만큼은 슬프고 처절한 생각들이 머릿속을 비집고 들어올 수가 없었다. 게다가 책은 이 세상이 얼마나 넓고 다채로운지 깨닫게 해준다. 현재 상황에만 갇혀 있던 나를 조금씩 밖으로 꺼낼 수 있었다. 온갖 자질구레한 고민과 문제들을 훌훌 털어버리고서 이 알록달록한 세상을 즐겁게 누리면서 살고 싶다는 생각이 들기 시작했다.

내가 가장 절망의 나락으로 떨어져서 밥도 먹기 싫고 숟가락 잡을 기운도 없을 때 내게 희망과 긍정을 준 책은 파울로 코엘료의 《아크라 문서》다. 마치 내 고민을 꿰뚫어보는 듯해서 읽을 때마다 놀란다. 비관의 끝을 달릴 때면 늘, 삶을 더 넓고 희망적이고 긍정적으로 볼 수 있게 하는 마법 같은 책이다.

긍정적인 감정 돌보기

생각이 어느 정도 진정되면, 감정과 기분을 돌보았다. 슬픔과 절망감과 패배감이 다시 밀려오지 못하도록 말이다. 사실이 아님에도 불구하고, 감정이 자꾸만 나의 생각을 속이게 둘 수는 없었다. 다음은 내게 가장 효과가 좋은 두 가지 방법이다.

첫 번째는 운동이다. 운동을 하면 기분을 가장 빠르고 효과적으로 전환할 수 있다고 한다. 그래서 그룹 운동에 등록했다. 강사와 적게는 10명, 많게는 20명의 수강생들과 함께 신나는 음악에 맞춰서 근력 운동을 하는 수업이었다. 운동을 좋아하지 않는 내가 혹시 재미를 못 붙이면 어떡하나 걱정했는데, 이게 웬걸, 단번에 효과를 느꼈다. 일단 음악이 신나서 내기분을 속일 수 있었고, 몸을 빠르게 움직이며 운동을 하니기분 전환도 빨랐다. 무엇보다 나 자신을 돌보고 있다는 느낌을 받았다. 누워서 한숨만 쉬며 방치한 나를 일으켜, 비로소 스스로에게 좋은 대우를 해주는 기분이었다. 이 얼마만의 즐거움인지!

두 번째는 좋아하는 장소에서 내가 좋아하는 일을 하는 것이다. 난 분위기가 밝은 카페에서 글을 쓰는 것을 좋아한다. 카페에 앉아 세상 사람들이 바쁘게 걷고, 말하고, 웃는 것을 보면 활력을 얻고 기분도 쉽게 바뀐다. 나도 그 무리에 섞여서 에너지 넘치게 다시 잘 살고 싶은 느낌이랄까. 그래서 생동감 넘치는 분위기 속에서 글을 쓰면 설렘과 뿌듯함을 느낄수 있었다. 보스턴에서 가장 좋아하는 카페 '타테' 창가에 앉아 브런치를 옆에 두고 토독토독 키패드를 누를 때 그 느낌이참 좋다.

나의 위로의 문장들

문제는 스스로 위로하는 데 재주가 없다는 현실이었다. 책도, 운동 회원들도, 카페의 사람들도 곁에 없고 다시금 혼자 우두커니 남겨지면 기껏 채워둔 긍정 에너지가 빠르게 소모되곤 했다. 스스로를 다독이는 말을 할 줄 몰랐던 거다. 대체 나에게 무슨 말을 해주면 좋을까?

그러던 중 어플 하나를 발견했다. 긍정적인 메시지를 알림 형태로 보내주는 어플이었다. 마치 누가 나를 위해 만들어준 것만 같았다. 반가운 마음에 얼른 핸드폰에 다운로드해서 살펴봤다. 메시지를 받고 싶은 주제들이 다양하게 있었다. 우울, 외로움, 죽음, 불확실함, 성공, 성장, 친구, 감사 등, 인간이 느끼고 경험하는 모든 종류의 감정과 경험들이 세분화돼 있었다. 나는 그중에서도 '상처'와 '배신'을 주제로 선택했다. 그리고 아침 9시부터 밤 9시까지, 총 30개의 메시지가 핸드폰 화면에 뜨도록 설정했다.

다음 날부터 응원과 위로와 격려가 핸드폰에 쏟아졌다. 마치 나를 진심으로 아끼는 가족과 친구들이 건네주는 말처럼 느껴졌다. 거의 20분 간격으로 메시지가 오도록 설정했더니, 침울해질 틈도 없이 알림을 울리며 응원의 메시지가 도착했다. 가슴을 울리는 위로의 말들은 따로 메모로 저장해놓고 계속해서 되뇌었다. 그리고 내 삶 또한 긍정적으로 변할 수 있다고 믿으려 노력했다. 그렇게 며칠, 몇 주가 지나자 어플 없이 내가 나에게 긍정적인 말을 해줄 수 있게 됐다. 큰 변화였다. 그렇게 하나둘씩 모은 나만의 위로의 문장들은 다음과 같다.

내가 바꿀 수 없다. 내 통제 밖의 일이다. 받아들이자.

평생 이렇게 살진 않을 것이다. 이 또한 지나갈 것이다.

당분간은 슬프겠지만, 이 감정도 점점 사라질 것이다.

결국엔 괜찮아질 것이다.

주저앉아 절망만 하고 있기에는 인생은 짧고 세상은 넓다.

나에게 집중하자. 나를 위해서 살자.

미래를 믿자. 두려움의 실체는 생각보다 보잘것없다.

나의 꿈이 산산조각 난 것이지, 내 미래가 산산조각 난 것은 아니다. 여전히 나에게는 미래가 있다.

지금보다 훨씬 더 좋은 곳으로 가기 위한 과정이다.

단지 내가 원하는 방식으로 사랑을 받지 않는다고 해서, 상대방이 온 마음을 다해 날 사랑하지 않은 것은 아니다.

내가 원하는 것들이 정해진 타이밍에 이루어질 것이다. 그러니 조급해하거나 두려워하지 말자.

지금 일어나는 일들은 필연적이다. 모든 것은 우주가 계획한 정확한 시간과 장소 안에서 나를 위해 발생하는 일이다.

잘될 거라고 믿자. 지금 모든 해답을 알지 못해도 괜찮다.

내 손가락 사이로 빠져나가는 것들은 애초에 내 것이 될 운명이 아닌 것들이었다.

가끔 우주는 내가 원하는 걸 갖게 하지 못하는 방법으로 나를 돕고 있을 수도 있다.

• 내 안에 드는 자연스러운 감정을 써보세요.

• 나 혹은 남을 탓하거나 '별로다', '나쁘다' 판단하고 있는 감정이 있나요? 무엇인가요?

• 부정적인 감정과 생각 대신, 현재 상황을 수용하는 말로 바꿔보세요.

• 수용을 연습하는 데 유용한 문장들이에요. 마음속에 간직할 문장을 골라보세요.

나는 과거나 미래가 아닌 현재 이 순간만을 통제할 수 있다.

걱정과 부정적인 감정들에 맞서 싸우는 것은 불에 기름을 붓는 것과 마찬가지다.

지금 발생한 일은 내가 원치 않은 일이지만, 어쨌든 내게 발생한 일이다.

과거에 일어난 일은 바꿀 수 없다.

나는 현재 순간을 그대로 받아들일 수 있다.

힘들더라도 결국엔 극복해낼 수 있다.

과거에 일어난 일들을 부정하고 거부하는 것은 현재 나에게 아무런 도움도 되지 않는다.

지금 이렇게 힘든 감정들도 차츰 사라질 것이다.

불안하고 슬픈 감정이 드는 것은 당연하다.

계속 현실만 부정한다면, 해결책을 생각해낼 수 없다.

그럼에도 불구하고 난 행복해질 수 있다.

슬프고 화가 날 때도 새로운 기회와 가능성은 얼마든지 있다.

왜 이런 일이 내게 닥쳤는지 이해는 할 수 없지만, 있는 그대로 받아들일 수는 있다.

감정적으로 반응하는 것이 아니라 이성적이어야 한다. 그래야 문제 해결을 위한 좋은 선택들을 할 수 있다.

내게 일어난 일들을 계속 부정하고 비난하는 것보다는, 적절한 행동을 취하는 것이 훨씬 낫다.

지금 이 순간 내가 할 수 있는 것에 집중해야 한다.

4장

세상에서 나 혼자라는 생각이 들 때

▷ **셀프헬프 4단계** ◁
우울 증상 극복하기

"많은 사람이 그래요.

　스스로 기분이 별로라는 건 알아도,

　우울하다고 생각하지는 않죠.

　사실 우리는 모두 조금씩 우울한데 말예요."

아닌데?
나 우울한 거 아닌데?

지금 무너지면 다시 못 일어날 것만 같아서 하루하루 힘껏 버티고 있다. 나마저 무너지면 나를 지켜줄 사람이 없다. 문득 아무것도 하기 싫을 때마다 내 멘탈에게 "정신 차려!" 불호령을 내리고 불침번도 세웠다. 그렇게 군기 바짝 든 멘탈로 아주 쉬운 버전의 행동 활성화 일지를 다시 썼고, 수면 위생도 하나둘씩 다시 실천했고, 잠들기 전 점진적 근육 이완법도 두어 번 시도했다. 그리고 무엇보다 현실을 수용하기 위해 참 애썼다. 거의 주문을 외우듯이 일분일초도 쉬지 않고 나에게 말해줬다. 이것이 나의 현실이고, 받아들일 수 있고, 인생이 끝난 것이 아니며, 현실이 더 나아질 수 있다고, 마치 되새김질하는 소처럼 긍정적인 말을 쉬지 않고 되뇌었다.

며칠 후, 몸져누웠다. 커다란 바위가 짓누르는 듯한 피로감 때문에 갑자기 일상생활이 힘들었다. 육체적으로, 정신적으로 에너지가 바닥이 나고 과부하가 걸린 느낌이 일주일 넘게 지속되었다. 아마도 무너지지 않기 위해 하루하루 버텨내느라 모든 에너지를 소진했기 때문일 것이다. 안 그래도 비어있는 곳간을 쌀 한 톨 안 남기고 벅벅 긁어다 썼으니 탈이 안 나는 것이 오히려 이상하다. 한 발자국 걷는 것도 몸이 천근만근처럼 느껴졌다. 심지어 양치질을 할 때도 머리를 빗을 때도 큰 마음을 먹어야 했다.

나의 일상은 한 보 전진하려다가 다섯 보 후퇴한 꼴이다. 잘 이겨내겠다고 노력하는데 왜 세상은 나를 도와주지 않나. 내 마음대로 되는 일이 왜 하나도 없나. 맥이 풀린다. 무너지지 않으려 튼튼하게 쌓아 올린 댐에 순식간에 균열이 생기고 그 사이로 억눌렀던 감정들이 마구 쏟아져 나오기 시작한다.

참을 수 없는 절망감이다. 미래를 잘 준비하고 있다고 생각했는데, 나를 기다리고 있는 예측할 수 없는 일들을 생각하니 벌써부터 숨이 막힌다. 에린에게 이런 상황을 알려야 할텐데, 내 마음 상태를 애써 설명해줄 힘도 없다. 그 무엇도 나를 구제해주지 못할 것 같다.

심리상담가 에린과의
네 번째 만남

"오늘 안색이 안 좋아 보이네요. 어떻게 지내세요?"

"네, 힘이 없네요. 그동안 너무 애를 써서 탈이 난 건지, 지친 것 같아요."

"정신적으로 탈진하셨네요."

"그런가 봐요. 이제는 슬퍼하거나 억울해할 힘도 없어요. 그런 감정들도 다 귀찮아요."

"제 생각에 우울증으로 보여요. 에너지가 고갈되고 무기력하고 피곤한 느낌은 우울할 때 나타나는 증상들이거든요."

"제가 우울하다고요? 저는 우울하지는 않아요. 방전된 것처럼 에너지가 없을 뿐이에요. 기분이 조금 많이 가라앉은 게 다예요."

"많은 사람이 그래요. 스스로 기분이 별로라는 건 알아도, 우울하다고 생각하지는 않죠. 사실 우리는 모두 조금씩 우울한데 말예요. 일종의 편견 때문인 듯해요. 우울증을 '나는 절대 걸리지 않을 심각한 정신질환'이라고 여기는 사람들이 많아요. 하지만 우울증은 생각보다 흔하게 경험할 수 있어요. 2주 이상 우울 증상이 지속되면 우울증으로 보거든요. 증상도 다양해요. 죽고 싶다는 생각이 들거나 매일 울어야만 우울증인 게 아니에요. 이렇게 상원 씨처럼 무기력하거나 에너지 레벨이 낮은 것도 우울 증상 중의 하나죠. 그래서 가벼운 우울 증상이라도 지속적으로 경험한다면, 잘 인지해서 조기에 치료하는 것이 좋아요. 혹시 우울증 약을 먹어본 적이 있나요?"

"아니요, 한 번도 없어요. 그런데…… 저 예전보다는 노력하면서 잘 지내고 있다고 생각해요. 상담을 통해서 일상을 회복할 수 있는 좋은 방법들도 알게 됐으니까 텐션을 다시 끌어올리기만 하면 돼요. 그리고…… 처음부터 약에 의존하면 내성이 생길까 걱정이고요."

"동의해요. 그동안 제가 알려드린 인지행동치료 방법들을 직접 실천하면서 많이 변화하셨어요. 여기에 항우울제를 통해서 에너지를 높여주고 우울감을 낮춰주면 더 수월해질 거라고 생각해요. 약이 내키지 않는다면 천연 항우울제를 추천해주고 싶어요. 대표적으로 비타민B와 오메가3가 있어요. 목록을 보내줄게요. 각각 장단점이 있으니 한번 읽어보시고 상원 씨에게 더 적합하다고 생각되는 것을 복용해보세요."

"비타민 같은 거라면 한번 먹어볼게요. 만약에 도움이 안 되거나 증상이 더 심해지면 그때 우울증 약을 고려해볼게요."

"네, 그렇게 하죠. 상원 씨, 중요한 건 우울증을 극복할 수 있는 환경과 생활 습관을 만드는 거예요. 건강한 몸과 마음을 만드는 생활을 함으로써 근본적으로 우울증을 극복할 수 있어요. 예를 들어서 운동, 명상, 건강한 식습관, 친구는 큰 도움이 돼요. 제가 자료를 보내줄 테니 한번 읽고서 실천해보세요."

천연 항우울제

나도 우울증일까?

우울증은 기분 저하나 의욕 상실이 지속돼 사고방식, 행동방식, 일상생활에 부정적인 영향을 미치는 상태를 말한다. 이런 상태가 2주 이상 지속되는 경우 주요 우울 장애로 진단할 수 있다. 우울증은 누구나 한 번쯤 겪을 수 있다고 해서 '마음의 감기'라고 알려져 있으며, 우울 장애의 평생 유병률은 15~25%에 이른다고 한다. 그리고 얼마든지 치료도 가능하기 때문에, 방치하지 않고 적절한 치료를 받는다면 다시 건강한 생활로 돌아갈 수 있다. 다음은 우울할 때 나타나는 증상이다.

• 기분이 시무룩하거나 침울하다.

- 죄책감을 느끼거나 불안하고 두렵다.
- 예전에는 즐겁던 일에도 흥미가 없다.
- 식욕에 변화(감소 혹은 증가)가 있다.
- 수면의 양이나 질에 변화(불면증 혹은 수면 과다)가 있다.
- 집중력이 부쩍 떨어졌다.

우울증에 효과적인 방법들

단지 우울증 약만 복용한다면 큰 효과를 기대하기 힘들 수도 있다. 약을 끊으면 우울감을 다시 느끼게 되기도 하며, 부작용을 겪을 수도 있기 때문이다. 우울증을 극복하는 데 가장 좋은 방법은 생활 습관을 바꾸는 것이다. 건강한 몸과 마음을 유지하기 위해서 일상에서 실천할 수 있는 다양한 방법들이 있다. 그중에서도 가장 효과적이라고 알려져 있는 조합은 운동과 좋은 영양소 섭취, 천연 항우울제의 조합이다.

천연 항우울제 복용의 장점

천연 항우울제는 기분과 에너지 레벨을 향상하는 데 도

움을 줄 수 있다. 우울하고 무기력하면 생활 습관에 변화를 주려고 노력하고 싶어도 뜻대로 되지 않을 때가 많다. 아무것도 하기 싫거나 동기 부여가 되지 않으면, 아무리 좋은 방법을 알고 있다고 해도 실천하기 힘들기 때문이다. 따라서 천연 항우울제를 통해서 기분을 끌어올리고 에너지를 만들면, 운동이나 명상처럼 우울증에 좋은 방법들을 시도하는 것이 훨씬 수월해질 수 있다. 일종의 '도움닫기' 같은 역할이다.

우울증에 도움이 되는 천연 항우울제[*]

① 비타민B :

비타민B 중에서도 특히 비타민B6는 '행복 물질'이라고 불리는 세로토닌의 분비를 촉진한다. 비타민B6가 결핍되면 기분이 저하되거나 스트레스를 더 쉽게 받을 수도 있다. 비타민B5는 부신피질 호르몬 생성을 촉진해 스트레스 해소에 좋다.

② 오메가3 지방산 :

항염증과 항우울 효과가 있다고 알려져 있으며, 기분 향

---

[*] 다른 질병이 있거나 복용하는 약이 있다면 부작용을 일으킬 가능성도 있으니, 의사 혹은 약사와 미리 상담 후 자신과 가장 맞는 천연 항우울제를 먹길 바란다.

상과 경도의 우울증에 도움이 된다. 하지만 많은 양을 섭취하면 복통을 일으킬 수도 있으니 주의해야 한다. 또한 부작용으로 혈액 응고를 억제할 수도 있기 때문에 혈액 응고 관련 질환을 가지고 있거나 약을 복용 중인 사람들은 오메가3를 다량으로 섭취하지 않아야 한다.

③ SAMe:

SAMeS-adenosy-L-methionine는 몸에서 자연적으로 생성되는 물질인데, 우울증을 완화하기 위해 보충제로 섭취하기도 한다. 최근 SAMe의 항우울 효과에 대한 활발한 연구가 진행되고 있다. 28개의 연구에서 SAMe를 섭취한 그룹(실험집단)이 플라시보 그룹(통제집단)보다 우울증이 크게 향상되었다는 결과가 나오기도 했다. 다양한 우울 증상 중에서 특히 에너지 레벨이 낮은 경우에 도움이 된다. 부작용이 적기는 하지만, 당뇨병이 있거나, 혈당이 낮거나, 다른 정신질환(예를 들어 양극성 기분 장애)이 있는 경우에는 주의가 필요하다. 가장 흔한 부작용으로 위장 관련 질환, 두통, 피로, 두드러기 등이 있다.

④ 세인트존스워트:

세인트존스워트St. John's Wort는 물레나물과 식물에 속하는 꽃으로, 주 성분은 히페리신(하이퍼리신hypericin)과 히페포린(하이퍼포린hyperforin)이다. 히페리신은 스트레스 호르몬이라고 알려진 코르티솔 분비를 억제하여 무기력증을 완화하는 데 도움이 된다. 또한 히페포린은 세로토닌의 양을 조절해 우울감을 완화시킬 수 있으며, 경도의 우울증에 효과가 있다. 최소한 1~3개월 정도는 복용해야 효과가 있다. 단, 부작용이 따를 수 있으니 피임약, 우울증 약, 에이즈 약, 혈액 응고 억제 약과 함께 복용하는 것은 피해야 한다. 햇빛에 민감해지는 부작용이 발생할 수도 있다. 다른 부작용으로는 위장 관련 문제, 두드러기, 피로, 불안감, 성기능 저하, 어지러움, 두통, 입안건조증 등이 있다.

의사와의 상담이 필요한 때

- 우울 증상이 몇 주가 지나도 나아지지 않을 때
- 일상생활을 할 수 없을 때(학교나 직장에 갈 수 없거나 침대에서 일어나기도 힘들 때 등)
- 자살 생각이 들 때
- 천연 항우울제가 효과가 없을 때
- 천연 항우울제 복용 후 부작용이 생겼을 때

익숙해서 더 소중한 6가지

우울증을 치료한다는 것은 단순히 항우울제를 먹고 상담을 받는 것만을 뜻하지 않는다. 생활 습관을 건강하게 바꾸는 것 또한 우울증을 극복하는 중요한 열쇠다. 우울한 상태에서는 의욕이 저하돼 있는 만큼, 나 자신과 싸우는 과정을 끊임없이 겪게 될 수도 있다. 오랜 시간이 걸리는 일이기도 하다. 하지만 끝내 건강한 생활 습관을 체득하고 나면, 언제든 건강한 몸과 마음을 우울증으로부터 지켜낼 수 있다.

명상

명상은 일종의 정신 건강 운동으로, 심호흡을 하거나 영

적으로 도움이 되는 말을 반복하면서 마음의 편안을 도모하는 것을 뜻한다. 얼핏 들으면 별것 아닌 듯한 명상이 우울증의 근본 원인을 해결하는 데 꽤 효과적이다.

우리가 스트레스와 불안감에 직면하면, 우리 뇌는 생각과 행동을 조율하는 내측 전전두엽 피질을 필요 이상으로 지나치게 활성화한다. 이에 따라 우리도 덩달아 지나치게 미래를 걱정하고 과거를 반추해버린다. 편도체 또한 우울과 관련된 뇌 영역으로, 스트레스 호르몬인 코르티솔을 분비한다. 결국 내측 전전두엽 피질과 편도체가 서로 상호작용하며 우울증을 야기하는데, 다름 아닌 명상이 이 두 영역 간의 상호작용을 막아준다. 명상은 스트레스를 받기 전후, 불안감을 느끼기 전후로 언제든 시도해도 좋다.

운동

다양한 운동 중에서도 특히 우울증에 효과가 있다고 알려져 있는 운동으로는 요가가 있다. 요가는 몸과 정신의 수양을 도우며, 그 효과는 많은 연구 결과를 통해서 드러나고 있다. 최근 발표된 한 연구 결과에 따르면, 항우울제 복용과 함

께 요가를 한 그룹 A와 항우울제 복용하지 않고 요가만 한 그룹 B가 항우울제만 복용한 그룹 C보다 우울증이 더 완화되었다고 한다. 요가가 아니더라도 중간 정도 강도의 유산소 운동을 하면 우울증 완화에 좋다. 우울증 극복에 가장 효과적인 운동 횟수와 시간은 일주일에 3~5회, 30분 이상이다.

건강한 식습관

건강한 식습관은 몸뿐만 아니라 정신 건강에도 중요하다. 뇌는 필수 영양소들 없이는 제대로 기능하지 못한다. 다음과 같은 필수 영양소와 음식을 섭취하는 것은 우울증 완화에도 도움이 된다.

- 필수 영양소
— 비타민
— 미네랄
— 복합 탄수화물
— 아미노산
— 지방산

- 자주 섭취해야 하는 음식

— 과일

— 채소

— 통곡물

— 콩류

— 저지방 식품

— 지방이 없는 살코기

— 가금류, 생선

- 영양소가 다량 함유된 음식들

— 비타민C: 감귤류, 녹색 채소, 기타 채소 및 과일

— 비타민D: 연어, 대구, 새우, 계란, 강화우유, 주스, 시리얼

— 비타민B: 붉은 고기, 생선, 계란, 유제품, 통곡물, 녹색 채소

— 마그네슘, 셀레늄, 아연: 견과류, 씨앗, 통곡물, 녹색 채소, 생선

— 복합 탄수화물: 통곡물 빵과 시리얼, 현미, 퀴노아, 수수, 콩류

— 트립토판: 살코기, 가금류(닭, 오리 등), 콩

— 페닐알라닌: 살코기, 닭고기, 계란, 유제품, 콩

— 오메가3 지방산: 연어, 송어, 참치, 콩, 호두, 브로콜리, 콜리
　　플라워, 시금치, 멜론, 치아씨, 카놀라 오일

— 오메가6 지방산: 가금류, 계란, 곡물, 식물성 기름

- 피해야 하는 음식

— 포화지방이 들어간 음식

— 카페인 음료(차, 커피, 탄산음료 등)

— 알코올

— 설탕이 많이 들어간 음식

— 튀긴 음식

정서적 지지를 위한 친구, 가족, 커뮤니티
- -

외로움과 고립감은 우울증 위험을 높인다. 따라서 마음이 힘들거나 도움이 필요할 때는 친구들이나 가족에게 연락해서 이야기를 나누고 도움을 받는 것이 좋다. 굳이 마음을 터놓지 않더라도, 같이 영화를 보거나 나란히 걸으며 함께 시간을 보내는 경험이 중요하다.

하지만 내가 처해 있는 상황이 너무 힘들 때는 아무도 나를 이해해줄 수 없을 거라는 생각이 들 수도 있고, 혼자 있고 싶다는 생각이 들 수도 있다. 오히려 친구와 가족에게 연락하거나 만나는 것이 부담스러울 수 있다. 그럴 땐 비슷한 상황에 있는 사람들이 있는 모임에 참여하는 것도 좋은 방법이다.

예전에 재활치료사로 일할 때 뇌졸중이나 파킨슨병처럼 만성적 장애와 진행성 질환을 가진 환자들을 많이 치료했다. 질환 특성상 호전이 더디고 오히려 상태가 점점 나빠지는 경우가 많았기 때문에, 환자들은 점점 희망을 잃어갔고 우울해했다. 몸이 장애를 얻은 상황에서 가족과 친구들의 위로에는 한계가 있다. 그래서 뇌졸중 환자들에게는 '뇌졸중 환자 모임'을, 파킨슨병 환자들에게는 '파킨슨병 환자 모임'을 적극 추천했다.

환자들의 만족도는 매우 컸다. 일단 같은 질환을 앓는 사람들끼리 공감대가 빠르게 형성됐고, 좋은 치료나 약물에 대한 정보 교환도 용이했고, 어려움을 극복해내는 이야기를 공유하면서 서로에게 힘과 응원이 되었다. 실제로 내 환자들에게 그 모임에 가는 날은 일주일 중 가장 중요한 날, 즐거운 날, 기다리는 날이 되었다.

이런 모임이 꼭 환자 모임에 국한된 것이 아니다. 무엇이 되었든 나와 비슷한 상황에 있는 사람들을 위한 모임이라면 한번 참여해볼 만하다. 예를 들어 '이혼한 사람들의 모임', '아이가 없는 부부 모임', '사춘기 자녀를 가진 엄마들의 모임', '만학도 모임' 등, 다양한 모임이 매우 많다.

적절한 모임을 찾지 못할 경우에는, 봉사 활동도 좋은 방법이다. 나의 도움이 필요한 커뮤니티를 돕고 봉사하면서 또 다른 차원의 정서적 연대감과 지지를 얻게 될 것이다.

감사하는 마음

감사하는 마음을 갖는 것 또한 우울증 극복에 효과가 있다. 무엇보다 감사 일기를 써보는 것이 좋다. 머릿속으로 생각만 하는 것보다는 손으로 직접 쓰는 것이 효과적이다. 구체적으로 감사 일기는 다음과 같은 효과를 가져다줄 수 있다.

- 인생에 대한 만족감을 더 크게 느낀다.
- 삶에 더욱 긍정적인 태도를 갖게 된다.
- 자존감을 높여준다.
- 불안감과 걱정을 낮춘다.
- 건강한 수면에 도움을 준다.
- 이타심을 높이고 다른 사람들을 돕도록 한다.

자연 속 산책

나무는 '파이토케미컬Phytochemical'이라는 식물성 화학 물질을 내뿜는데, 이 물질은 우리의 면역 시스템과 긍정적으로 상호작용하고 도파민 분비를 증가시켜 기분을 향상하고 혈압을 낮춘다.

천연 항우울제
복용 후기

전혀 예상하지 못했다. 받아들이고 싶지도 않았다. 사실 우울증 초기인 것 같다는 소리도, 항우울제를 먹어보라는 제안도 적잖이 불편했다. 상황이 나를 힘들게 만들었지, 내가 괜히 이러는 게 아닌데……. 나약한 사람으로 보일까 봐 마음이 오히려 움츠러들었다.

그러다 이내 깨달았다. 추위를 느끼고 싶어서 느끼는 게 아니고, 더위를 느끼고 싶어서 느끼는 게 아닌 것처럼, 내 감정도 그렇다. 그래서 여러 가지 천연 항우울제 중 비타민B와 오메가3를 먹어보기로 했다. 가장 친숙했고, 부작용도 없을 것 같고, 몸 건강에도 도움이 될 것 같아서였다.

이와 동시에 반드시 건강한 생활 습관을 만들겠다는 다짐을 했다. 약이 아닌 천연 항우울제를 선택한 만큼, 내가 더 적극적으로 노력해야 한다. 나에게는 에린이 알려준 다양한 인지 행동 치료법들에 대한 믿음도 있었다. 지금까지 행동 활성화 일지도 작성하고, 근본적 수용법도 연습하고, 좋은 수면을 위해 노력하자, 점점 규칙적인 생활과 긍정적인 생각을 할 수 있었다. 다만 우울의 여파로 에너지 레벨이 낮아 아무것도 하기 싫고 기분까지 가라앉아 문제였다. 그래서 천연 항우울제를 먹어서 에너지 레벨을 높이는 것을 내 목표로 삼았다.

비타민B와 오메가3를 하루 한 알씩 먹기 시작했다. 효과를 느끼기까지 한 달 정도는 기다릴 생각이었다. 아무래도 약보다는 더디게 효과를 낼 것 같았다. 그런데 예상외로 바로 나타난 효과가 하나 있었다. 비빌 언덕이 있다는 든든한 느낌이었다. '기분이 왜 다운됐지? 아, 그래! 비타민B랑 오메가3 먹는 거 깜빡했다' 하고 내 처진 기분에 대한 책임을 단순하고 빠르게 전가했다. 먹었으니까 이제 괜찮아질 거라며 안심할 수 있었다. 진실이 무엇이든 상관없다. 예전 같았으면 '젠장 기분이 또 요지경이네, 망했다'는 생각에 몰입했을 텐데, 이제는 탓하고 기댈 수 있는 외부 대상이 있어 충분히 안정감을 느낀다.

이 안정감으로 일상을 건강하게 보내려고 노력했다. 아침에 규칙적으로 일어나고, 요가 수업도 일주일에 두 번은 가고, 카페에 나가서 글을 쓰고, 영양소를 균형 있게 섭취했다. 기분 전환을 위해서 친구도 만나고, 감사하는 마음을 잊지 않기 위해 성당으로 미사도 갔다.

그렇게 한 달이 지났다. 사실 아직은 세상이 무지갯빛으로 보이는 정도로 행복하지는 않다. 애초에 고작 비타민B와 오메가3가 나를 180도 바꿔줄 거라 생각하지는 않았다. 지금도 그 정도의 큰 힘이 있다고 믿지 않는다. 여전히 아침에 잘 일어나고, 운동을 하고, 집중해서 일하고 글을 쓰는 데는 나 자신을 어르고 달래고 설득해야 하는 과정이 필요하다.

하지만 이전처럼 무탈한 일상을 보내기 위해 에너지를 200% 끌어다 쓰는 느낌은 아니다. 아마도 생산적인 습관이 생겨서일 수도 있고, 비타민B와 오메가3가 에너지를 향상해 준 덕분일 수도 있다. 혹은 둘 다 일수도 있다. 신기한 일이다. 건강한 생활 습관을 부지런히 만들자 서서히 예전의 내 모습으로 돌아갈 것 같은 느낌이 든다. 곧 만나게 될 일상은 참 즐겁겠지. 기대감과 설렘도 가끔씩 찾아온다. 참 긴 터널이었지만 결국 잘 빠져나올 수 있다는 믿음이 생기려고 한다.

운동 습관 만들기
실천 후기

운동 좋은 거 다 안다. 운동이 비단 우울증에만 좋으랴. 정신 건강에는 물론이거니와 노화 방지에도 좋고, 근골격계 질병 치료에도 좋고, 불면증에도 좋고, 탄탄하고 늘씬한 몸매 만들기에도 좋고, 자존감에도 좋고, 이것에도 좋고, 저것에도 좋고, 다 좋다. 운동이야말로 만병통치약이다.

하지만 난 운동을 싫어한다. 태생이 그렇다. 무식한 소리지만, 서른 초반이 되도록 운동은 한 번도 해본 적이 없다. 그저 몸뚱이를 끌고 여기저기 쏘다니기만 해봤을 뿐, 일부러 땀 흘리며 운동해본 적이 없다. 숨이 헐떡거리는 느낌, 근육이 터질 것 같은 느낌, 몸에서 열나는 느낌이 싫었다. 결국 지금 내 몸은 근육 하나 없는 물컹한 살들이 뼈에 간신히 매달려 있다.

이 모양인 나에게 운동 습관을 들이기란 머리가 지끈거리는 일생의 과제였다. 도대체 내가 어떻게 하면 운동을 규칙적으로 할 수 있는지 다양한 실험을 해보았다. 일주일에 한 번이라도 운동하기 위해 부단히도 노력해야 했다. 그리고 최근 한 달 동안은 우울한 기분을 떨치기 위해 운동을 일주일에 세 번으로 늘리려고 더 많이 노력하고 있다. 운동이라면 미간부터 찌푸리고 보는 내가 터득한 운동 습관 만드는 방법은 이렇다.

운동의 중요성을 뼈에 사무치게 깨닫는다

운동을 꼭 해야 한다는 것, 운동은 인간으로서 필수로 해야 하는 활동임을 절실히 깨달아야 한다. 이번 주에 운동을 하루도 하지 않았다면 일주일 동안 배변하지 않은 것 같은 거대한 찝찝함과 답답함을 느껴야 하며, 늦잠 자서 수능을 못 본 수험생의 당혹감과 반성을 느껴야만 비로소 운동의 중요성이 몸에 새겨진 것이라고 생각한다.

나의 경우 워낙 운동을 싫어하는 사람으로 태어난지라, 운동에 대한 인식 자체가 뇌에 존재하지 않았다. 그래서 오랜 시간과 여러 단계에 걸쳐서 운동의 중요성이 각인돼야 했다.

사람들마다 계기는 다르겠지만, 내게는 크게 세 번의 사건이
있다.

처음으로 운동의 중요성이 20% 정도 각인됐던 때는, 직장
생활을 시작하고 2년쯤 지나서였다. 너무 피곤했다. 아침 8시
부터 오후 3시까지 좀비처럼 일하고, 3시부터 5시 30분까지
는 병든 좀비처럼 일하다가, 퇴근해서 돌아오는 길에는 시체가
되어 만원 버스에 실려왔다. 집에 들어오면 저녁도 못 먹고 기
절해서 잤다. 몸이 이렇게 피곤하니 기분도 가라앉았다. 그래도
'운동하면 더 피곤한데'라면서 운동을 기어코 하지 않았다. 결
국 나는 이 짓을 2년을 반복하고 나서야 깨달았다. 운동 부족
때문에 저질 체력 몸뚱이에 갇혀 살아왔음을.

운동의 중요성이 40% 정도 각인됐던 때는, 운동을 열심
히 한 내 또래가 나보다 몸매가 매우 예쁘다는 게 눈에 들어
왔을 때다. 30대가 되면서 눈에 띄게 피부가 늙고 주름이 생
기기 시작했는데, 거울을 볼 때마다 솔찬히 슬펐다. 덕지덕지
아이크림을 발라대도 눈가 주름이 늘어난 아버지 '난닝구'마
냥 축 처져 보였다. 엉덩이도 퍼진 것 같아 청바지 입기도 꺼
려졌다. 아랫배도 나왔다. 그런데 그 무렵 성당에서 만난 언니
들이 유난히 엉덩이도 예쁘게 싹 올라붙고 얼굴이 탱탱한 것

을 보았다. 알고 보니 그들의 공통점이 운동을, 그것도 매일 한다는 것이었다!

마지막으로 운동의 중요성이 100% 각인되어 일주일에 무려 두세 번이나 하게 된 계기가 있다. 2021년, 우울과 무기력이 땅을 치며 아우성을 내지르던 어느 여름날, 갑자기 아무 이유 없이 허리가 아작 났다. 허리 근육이 쑤시고 아픈 것은 물론이거니와, 엉덩이와 허벅지까지 신경통이 내려와서 의자에 앉을 수도 없고 누울 수도 없었다. 엉덩이와 허리가 눌리자 통증이 참을 수 없을 정도였다. 밤에 누워서 잘 때도 통증 때문에 자꾸만 깼다.

가구 문제인가 싶어서 집 안의 의자와 침대 매트리스도 바꿨다. 마사지도 해보고 스트레칭도 해보고 최대한 서서 생활했다. 그렇게 통증이 완화되기도 했다가 또다시 심해지기를 반복하며 6개월이 흘렀다. 어느 날부터 신경통이 매우 심하게 느껴지더니 몇 주 동안 사라지질 않았다. 결국 디스크가 터져버린 건가. 이제 다리가 마비되는 건가. 별별 생각을 다 했다. 다행히도 재활치료사로 일했던 나는 자가 진단과 치료가 가능했다. 어쩌면 내 몸은 내가 치료할 줄 안다는 오만함 때문에 적극적으로 치료받지 않은 무지함이 화를 불러온지도 모른다.

자가 진단을 해봤을 때 디스크가 터진 것은 아닌 듯했다. 근골격계 문제 같았다. 그렇다면 운동으로 치료가 가능했다. 집 근처에 있는 요가 스튜디오에 일주일에 두세 번을 가게 되었다. 생존을 위해서였다. 근육이 타들어가는 통증을 느끼자 비로소 운동에 대한 중요성을 200% 느꼈다. 매번 수업을 예약해놓고 취소하고 안 가기 일쑤였는데, 이번에는 살려고 꼬박꼬박 운동했다.

한두 달이 지나자 통증이 서서히 줄었고, 지금은 매우 잘 살고 있다. 운동을 하지 않으면 통증이 언제 다시 찾아올지 모른다는 공포가 남아 있기는 하지만, 그 덕분에 드디어 운동 습관이 생겼다. 일정이 안 맞아서 요가를 가지 못하는 날에는 집에서 슬로우 버피라도 했다. 이제는 운동하지 않고 한 주가 지나가면 몸뚱이에 대한 죄책감이 스멀스멀 올라오기 때문이다. 비로소 운동이 내 일상의 일부가 되었다.

그룹 운동 클래스를 등록한다

혼자 헬스장에서 우직하게 운동하는 일은 나에게 천지가 개벽해도 일어나지 않을 일이다. 강사님이 필요하고 옆에서 으쌰으쌰 함께 운동하는 사람들이 필요하다. 그래서 그룹으로 하는 필라테스와 요가 클래스에 가고 있다. 신나는 음악과 강사님의 구령에 맞춰서 옆 사람들과 다 함께 운동하면 더 흥이 난다. 혼자서는 10초 만에 때려치웠을 플랭크도, 은근한 경쟁 심리 때문에 이 악물고 버틴다. 힘들어서 너도 나도 다 같이 끙끙대며 운동하는 모습에서 묘한 동질감도 느낀다. 마치 중학교 수련회 때 단체로 벌 받으면서 비로소 우리는 진정한 친구들이자 하나라고 느끼던 순간처럼 힘이 난다. 운동 초보라면 혼자서 애써야 하는 홈트나 헬스장보다는 그룹 운동을 시도해보는 것을 추천한다.

운동하는 곳 안에서 친구를 만드는 것도 좋은 방법이다. 안 갔을 때 왜 안 왔냐고 물어봐주는 사람이 한 명이라도 있으면 다음에는 꼭 가야겠다는 마음이 든다. 강사님이 회원 관리를 살뜰하게 해주는 곳으로 가는 것도 좋다. 안 오면 왜 안 왔냐고 문자 오고 전화 오고 잔소리하는 곳이 왕왕 있는데, 나의 경우에는 그런 독촉이 도움이 되었다. "죄송해요, 내일은 꼭 갈게요"라고 일단 내뱉으면 그 약속을 지키기 위해서라도 갔다.

다양한 운동을 할 수 있는 피트니스 멤버십을 이용한다

나는 워낙 운동을 싫어하고 쉽게 질려 하기 때문에, 요가만 하거나 필라테스만 하면 식상해서 결국 나중에는 안 갔다. 그래서 다양한 운동 프로그램을 제공해주는 곳을 찾아 등록했다. 저번 주에는 요가 한 번, 그저께는 필라테스 한 번, 오늘은 유산소 운동 한 번 가는 식으로 매번 다른 운동을 했다. 덕분에 매주 어떤 운동이든 하게 됐다.

다 싫을 땐 간단하고 쉬운 홈트를 한다

아무리 집에만 있는 것이 답답한 재택근무라지만, 일이 끝나고 피곤해서 쉬고 싶을 때도 있다. 그럴 땐 옷 입고 밖으로 나가는 것 자체가 귀찮아서 이미 전의를 상실하고 침대에 눕게 된다. 이런 날에는 짧고 굵게 홈트를 한다. 홈트는 무조건 간단한 것으로 해야 한다.

요즘은 슬로우 버피를 20개씩 5세트를 하는데, 20분밖에 걸리지 않고 운동 효과가 매우 크다. 땀이 주룩주룩 흐르고 몸에 피가 돌고 숨이 가빠지면서 에너지가 솟는다. 처음에는 귀찮아서 '버피 40개만 해야지' 하면서 시작하는데, 할수록 신이 나고 에너지가 생겨서 100개를 채우게 되고, 100개 후에는 다른 힙업 운동과 스트레칭까지 연달아 하게 된다. 땀을 쫙 빼고 나서 샤워를 딱 하면 기분이 참 상쾌하며 나 자신이 매우 기특하게 느껴진다.

그냥 간다

나는 운동하는 로봇이다. 그냥 간다.

친구, 정서적 지지 집단 만들기
실천 후기

사람이란 으레 외로움을 느끼기 마련이다. 삼시 세끼 밥을 먹어도 다음 날에 또 허기가 찾아오듯이, 사람으로 마음을 채워도 채워도 뒤돌아서면 외롭다. 사람은 위가 텅 빈 채로 태어나고 그 위 역시 채워도 채워도 계속해서 비워진다는 것은, 사람의 기본값이 허기짐이라는 뜻은 아닐까. 외로움도 그렇다. 누구와 무엇을 하더라도 하루 끝 상념의 시간들이 고독으로 수렴되는 이유가, 사람의 기본값이 외로움이기 때문 아닐까.

한국도 아닌 외국에서 나와 마음이 맞는 사람, 친구, 정서적 지지 집단을 찾는 것은 정말 힘든 일이다. 보스턴은 오래 살수록 친구가 사라지는 이상한 도시다. 특히나 학교가 많은 보스턴 특성상, 친구들이 학교를 졸업하면 다른 도시로 많이 떠나기 때문에 친구를 자꾸만 잃게 된다. 곁에 사람이 있어도 외로운데, 없으니 더 외로울 수밖에 없다.

이제는 필사적으로 친구를 만들어야 했다. 나의 정서적 지지 집단을 내가 직접 찾아나서 만들어내야 했다. 그렇지 않으면 이 좁은 원룸 골방에서 그야말로 썩어갈 것 같다. 정서적 집단은 가족이 될 수도 있고, 친구가 될 수도 있고, 나와 비슷한 문제를 가진 사람들의 모임이 될 수도 있다. 문제가 있을 때 터놓고 말할 수 있는 사람, 도움을 요청할 수 있는 사람, 나를 생각해주고 응원해주는 사람이 곁에 있어야 한다.

내 문제를 그 사람이 해결해줄 수 있기 때문이 아니다. 에린의 말처럼, 누군가가 마음으로나마 함께한다는 것만으로도 이미 비극에서 빠져나올 수 있는 길이 열리기 때문이다. 내가 친구를 만들기 위해 시도했던 방법들은 다음과 같다.

취미 활동 모임에 나간다

취미 활동 자체가 일단 즐겁기 때문에 모임에 나가는 것이 더 수월하고, 더 즐겁고 열린 마음으로 친구를 사귈 수 있다. 처음에는 친구 만들러 모임에 나가야 한다는 것 자체가 못마땅했다. 언제나 학교든 회사든 내가 속한 커뮤니티에서 자연스럽게 친구가 만들어졌는데, 인위적으로 노력해서 친구를 만들어야 한다는 상황이 내게는 부자연스러웠고 낯설었고 서글펐다. 하지만 어쩌나. 학교는 이미 졸업했고, 지금은 재택 근무를 하고, 다른 한인 공동체가 없는 내 입장에서는 더 이상 '자만추'만 고집할 수 없었다.

관심사 공유를 도와주는 밋업Meet Up에 가입해서 여러 모임들을 훑어봤다. 하이킹 모임, 북클럽, 와인 모임 등 종류는 많았지만 뭐 하나 끌리지 않았다. 나는 취미가 없는 무미건조하게 말라비틀어진 곶감 같은 여자인데, 그래서 친구도 못 사귄다 싶어 더욱 침울했다. 어떤 모임은 아예 '친구 사귀고 싶은 사람들의 모임'이었다. 나와 비슷한 처지의 사람이 많구나, 싶어서 심심한 위로가 되기도 했다.

그러다가 글쓰기 모임을 발견했다. 일주일에 한 번 모여서 각자 글을 쓰는 모임이었다. 발표나 비평 같은 거 없이 정말 글만 쓰는 모임이었다. 이런 모임이 있다니, 너무 반가워서 그 주 토요일에 당장 모임에 나갔다.

무진장 좋았다. 15명 정도가 매주 꾸준히 나오는 잘 운영되는 모임이었다. 카페에 옹기종기 모여 앉아서 처음 10분 정도 각자 소개를 하고, 오늘 무엇에 대해 글을 쓸지 간단하게 이야기를 나눴다. 그 뒤로 2시간 동안 150개의 손가락이 바쁘게 노트북 위를 통통 튀어 다니며 글을 썼다. 나에게는 그 모습이 그랜드캐넌에 비하는 장관이고, 그 순간에 남들이 크로스핏을 할 때와 맞먹는 엔도르핀을 얻는다.

늘 혼자 방구석에 박혀서 오늘 사라져도 모를 아무개로 살았는데, 갑자기 15명이 내 곁에 둘러앉아 취미를 공유해주다니, 마치 나의 군대가 생긴 느낌이었다. 나와 친구가 돼 같이 밥을 먹어주거나 놀아준 것도 아닌데 외로움이 가시고 있었다. 그러니 더 친밀한 사람들, 그러니까 가족이나 친구와 마음을 나누는 활동을 한다면, 기쁨은 이보다 훨씬 더 클 것이다.

나와 비슷한 사람들을 위한 모임에 나간다

나는 '보스턴에 사는 인터내셔널 30대 여성 모임'에 나가고 싶었다. 하지만 아무리 찾아봐도 이런 모임이 없었다. 하나쯤은 있을 법한데 참 이상했다. 결국 찾다가 도저히 안 되겠어

서 내가 직접 만들기로 했다. 분명 나 말고도 이러한 모임을 찾고 있는 30대 여성이 많을 것 같았고, 나뿐만 아니라 그들에게도 커뮤니티를 만들어주고 싶었다. 그래서 호기롭게 밋업에 새로운 그룹을 만들고, 첫 모임을 하는 장소와 시간을 올렸다. 놀랍게도 일주일 만에 100명 이상이 가입했고, 그중 30명이 첫 모임에 나오겠다고 등록했으며, 모임 당일에 12명의 여성들이 참여해줬다. 마치 모두가 이 모임을 기다린 것만 같았다.

우리는 첫 모임에 도란도란 앉아서 코로나로 얼마나 외롭게 생활했는지 마음을 나누었고, 미국 생활에 대한 유용한 정보도 교환했다. 단숨에 가까워진 우리는 다음 모임 날짜도 잡아버렸다. 마치 우리들 사이에 보이지 않은 끈이 있는 것 같았다. 모두가 내게 이 모임을 처음으로 만들어줘서 참 고맙다는 말을 했다. 마음이 뭉클했다. 내가 그들을 위한 커뮤니티를 만들어준 것만 같아서, 도움이 된 것 같아서 벅찬 감정도 올라왔다.

친구 사귀기 어플을 이용한다

낯을 가리는 내 입장에서, 더군다나 나가는 모임이 입 꾹

닫고 바쁘게 글만 쓰는 모임이라면, 친구다운 친구를 바로 만들기는 힘들다. 그런 내게 에린은 데이팅 어플 범블Bumble을 통해 친구 사귀기를 추천했다. 범블에는 이성이 아닌 동성 친구를 만나는 기능이 있는데, 에린도 처음에 보스턴으로 이사 왔을 때 이 어플을 통해서 현재의 베스트 프렌드를 만들었다고 한다. 나의 경우 데이팅 어플에 대한 신뢰도가 크지 않았던지라 전혀 사용해보지도 않았고 관심도 없었다. 그런데 동성 친구를 만나는 기능이 있다면 얘기가 달라진다. 마음 통하는 친구를 잘 만날 수 있을 것 같은 촉이 왔다.

범블에 프로필 사진을 올리고 간단한 자기소개와 취미, 친구와 무엇을 하고 싶은지 썼다. 그러고 나서 보스턴에서 친구를 구하는 사람들을 훑어보는데, 정말 놀랐다. 엄청나게 많은 여성이 범블 어플에서 친구를 찾고 있었다. 모두 다 멀쩡해 보였다. 인싸처럼 보이는 예쁘고 젊고 좋은 직업을 가진 여자들이 마구 쏟아졌다. 이미 많은 사람이 학교를 졸업하거나 다른 도시로 이사 후에 친구를 사귀려고 적극적으로 나서고 있었다.

더욱 놀랐던 것은, 국적을 가리지 않고 많은 사람이 내게 '좋아요like'를 눌렀고 메시지를 보냈다는 것이다. 주말에 시간 되면 커피 마시자고, 저녁 먹자고, 적극적으로 나를 알아가려고 했다. 사실 나는 예전 학교와 회사에서 미국인들과 좋은 친구 관계를 맺었을 때도, '자기네 나라에 가족도 있고 친구도 많을 텐데 뭐가 아쉬워서 나랑 친구를 하지' 하고 생각했다. 이제야 뭐가 아쉬워서 그랬던 게 아니라 내가 좋았기 때문이겠다는 생각이 들었다.

그렇게 한 달 동안 메시지를 주고받은 사람만 20명이 넘었다. 그중 여섯 명의 여자 친구들과 커피, 브런치, 저녁을 먹었다. 또 그중 두 명과 진짜 친구가 되었다. 매번 만날 때마다 "어플을 통해서 널 만났다니, 너무 감사한 일이야" 하고 말할 만큼 좋은 친구들이다. 두 친구만으로도 내 인생은 훨씬 풍요로워졌다. 웃는 순간이 많아졌고, 행복한 추억들이 많이 생겼으며, 주말이 다채로워졌다. 내 세상이 넓어지는 경험을 하고 있다.

봉사 활동을 한다

누군가를 돕는다는 것은 사람과 긴밀히 소통할 수 있는 기회를 준다. 돕는 행위 자체에서 긍정적이고 즐거운 마음을 얻게 되며, 그 마음은 나의 가치와 의미를 알게 할 만큼 강렬하다. 선을 행하면 내 마음에도 자연스럽게 선이 자리 잡기 때문이다.

헬렌 켈러가 다녔던 학교인 퍼킨스스쿨Perkins School for the Blind은 시각 장애인을 위한 특수 교육을 제공한다. 학교는 주말마다 학생들과 숙제를 해결하거나 함께 운동을 해줄 봉사자를 환영했다. 나는 나의 쓸모를 찾기 위해 봉사 활동을 결심했다. 내가 맡은 일은 시각 장애가 있는 열여섯 살 여학생과 토요일에 함께 학교 캠퍼스를 한 바퀴 산책하는 일이었다. 걷기를 좋아하는데 혼자서 산책할 수가 없어 봉사자만 목을 빼고 기다리는 아이라고 했다.

그 아이의 이름은 캐서린이었다. 캐서린은 참 밝고, 웃음이 많고, 수다스러웠다. 토요일에 만나면 일주일 동안의 학교 얘기, 삼촌이 방귀를 너무 크게 뀐다는 얘기를 깔깔대며 해줬다. 캐서린 덕분에 나도 참 많이 웃었다. 봉사를 끝내고 집으로 돌아오는 길에는 늘 마음에 기쁨이 충만했다. 캐서린이 산책할 수 있다는 것, 우리가 즐거운 시간을 보냈다는 것, 내가 누군가에게 도움을 줄 수 있다는 사실이 나에게 기쁨을 줬다.

명상, 감사 일기
실천 후기

봄에는 봄냄새가 나고 겨울에는 겨울냄새가 나는 것처럼, 과거는 과거라서 아쉽고, 미래는 미래라서 불확실하다. 그런데 과거에 대한 후회가 통탄으로, 미래에 대한 불안이 공포로 둔갑할 때가 종종 있다. 내게는 그런 시기가 없을 줄 알았으나 있었고, 지나간 줄 알았으나 아직 존재한다. '난 이제 틀렸어', '어디서부터 잘못된 걸까', '그때 그러지 말았어야 했는데', '미래는 더 암울하겠지'라는 생각에 하루하루가 버거웠다. 완벽하지 않았던 과거를 매섭게 탓했고, 불완전한 미래를 떠올리면서 눈을 질끈 감았다.

그런데 정말일까. 나의 과거가 정말로 개탄스러울 정도로 엉망진창일까. 나의 미래가 정말로 롤러코스터보다 아찔

하게 고꾸라질까.

그렇지 않다는 것을 알고 있었다. 부정적인 생각도 습관일 뿐이다. 그에 따라오는 침울한 감정 또한 습관처럼 느꼈을 뿐이다. 하지만 한 번 느꼈던 과거에 대한 아쉬움과 미래에 대한 두려움은 중독성이 강했다. 잠시 느꼈던 자기연민은 스포트라이트를 받는 주인공이 된 것 같은 몰입을 줬다. 나쁜 습관은 더 쉽고 빠르게 몸에 배었다. 머리카락에 덕지덕지 붙어서 샴푸 한 번으로는 씻겨지지 않는 삼겹살 냄새처럼 말이다.

패배감이 아무런 논리의 과정이나 여과장치 없이 달려와 박치기를 하는 날이면, 부정적인 생각을 습관으로 인지하기도 힘들었다. 우울감에 익숙해지자 어떤 생각과 감정이 정상이고 건강한 것인지 잊었다. 참 답답했다.

그런데 이런 모든 생각과 감정을 명상을 통해 정리하고 감사 일기에 적으면 된단다. 눈 감고 가만히 앉아 있는다고 뭐 그렇게 대단한 깨달음을 얻을 수 있는지, 도통 이해하기 어려웠다. 사람이 곤경에 처하면 살기 위해서 무엇이든 하게 되는 때가 있다. 그때가 내게 지금 온 듯하다. 세상 쓸데없어 보이던 명상을 일단 시도는 해보자는 생각이 들었다.

명상 후기 첫 번째

명상이라니까 그저 눈 감고 멍 때리고 앉아 있었더니, 이건 아닌 것 같았다. 가이드가 필요했다. 일단 명상 어플을 이용하기로 했다. 미국에서 가장 유명한 명상 어플 헤드스페이스Headspace를 다운받았다. 초급용을 선택해서 명상 콘텐츠들을 쭉 훑어보았다. 1분, 3분, 10분 등 짧고 긴 명상 오디오가 아침, 점심, 저녁 시간대별로 촘촘하게 있었다. 아무래도 하루의 시작부터 끝까지 나의 멘탈을 책임지려는 것 같았다. 그중에서 10분짜리 콘텐츠를 선택하고 침대에 편하게 기댔다. 차분한 목소리의 음성 가이드가 흘러나왔다. 깊게 호흡을 들이마시고 내쉬는 것으로 명상이 시작되었다. 머리끝부터 발끝까지 차례차례 내 몸의 감각을 느끼도록, 호흡에 집중하도록 했다.

호흡과 몸의 감각에 집중하면 음성이 불현듯 말한다. 다른 생각이 들어왔으면 의식적으로 내보내고 비우라고, 다시 호흡에 집중하라고. 흠칫 놀랐다. 시치미 떼고 호흡에 집중하고 있으면 음성이 또 불현듯 말한다. 다른 생각이 들어왔으면 자연스럽게 흘러가도록 두라고. 다시 호흡에 집중하라고. 나는 또 흠칫 놀라며 태연하게 불청객들을 내보냈다. 이런 식으로 몇 분 동안 호흡에 집중하다가, 내 몸에 집중하다가, 집중을 멈추고 머릿속에 들어오는 생각들을 자연스럽게 두다가, 다시 호흡에 집중하기를 반복했다.

처음에는 이게 뭔가 싶었다. 하지만 몇 분 되지 않아 깨달을 수 있었다. 명상은 원치 않는 생각이 나를 휘두를 때, 그것을 멈추고 머리를 비우는 연습이었다. 집중을 호흡으로 옮기거나 내 몸의 감각으로 옮김으로써, 부정적인 메시지로 꽉 찬 머릿속을 비울 수 있었다. 이런 방법을 몰랐던 예전에는 머리를 절레절레하면서 생각을 떨쳐버리는 시늉을 하곤 했는데, 이제는 조금 더 고상한 방법을 알게 되었다. 이래서 다들 명상이 좋다고 하나 보다.

명상 후기 두 번째

두 번째로 명상을 경험한 것은 요가 수업에서였다. 평소에는 유산소와 근력 운동 위주의 수업에 가서 힘차게 운동하곤 했다. 그런데 그날따라 이상하게 명상 수업이 궁금했다. 도착한 요가 스튜디오 안은 어둠이 내린 채 작은 촛불들만이 반짝였다. 유리창 밖으로는 어두운 강물이 호젓하게 흐르고 있었다.

마치 내게 어떠한 일이 찾아올 것만 같은 신비로운 공기마저 흘렀다. 나는 강사님이 알려주는 대로 등을 대고 누워 편안하고 깊게 호흡을 했다. 눈을 감았다. 마음이 참 안락했다. 그때 나긋나긋한 음성이 머리를 깨우듯이 훅 치고 들어왔다.

> 우리는 과거나 미래에 있지 않고 현재에 있습니다.
> 지금 이 순간을 사세요.
> 지금 이 순간을 느끼세요.

살면서 백번은 넘게 들어본 말이었다. 그런데 이상하게도 그 순간 머리 뚜껑이 열리면서 내가 우주로 날아가는 것만 같은, 내 세계가 우주로 확장되는 느낌이 들었다. 나를 에워쌌던 수많은 물음표가 드디어 느낌표로 바뀌었고, 정처 없이 둥둥 떠다니던 별들이 순식간에 연결돼 비로소 별자리가 되었다. 내가 그토록 슬프고 비참했고 무기력했던 이유를 깨달은 것이다.

나는 너무 많은 에너지를 과거를 책망하는 데 소진했고, 바꿀 수 없는 과거에 무력감을 느꼈다. 이 꼴로 맞이할 미래에 대한 걱정을 너무 많이 했고, 그 거지 같은 미래를 살아야 한다는 것에서 막중한 공포를 느꼈다. 나는 과거와 미래를 왔다 갔다 하며 실체 없는 걱정을 하느라 사지가 동서남북으로 늘어나고 있던 것이다. 결국 정답은 현재에 있었다. 현재를 살아야 하는 것이다.

나의 현재가 안락하기 그지없으니 현재만 생각한다면 가장 행복하리라는 뜻이 아니다. 과거에 대한 후회와 미래에 대한 걱정을 비워내는 것만으로도 내 삶의 무게가 조금 더 가벼워진다는 것이다.

고백하자면 아직도 지금을 산다는 느낌이 관념적으로 다가올 때가 훨씬 많다. 구체적인 방법은 잘 모르기 때문이다. 그래도 나는 이제 자주 '지금 이 순간을 느끼라'는 말을 곱씹어본다. 아마도 인생을 살아내는 과정 속 순간순간에 진솔하고 성실히, 즐겁게 살아내는 것이 현재에 존재하는 것이 아닐까.

감사 일기 후기

감사하는 마음에도 연습이 필요하다. 세상이 거대한 똥통처럼 느껴지기만 할 때는 감사가 저절로 될 리가 없다. 감사는커녕 야속한 세상을 탓하기 바쁘다. 긍정적인 생각이 내 안에 더 크게 자리 잡아야만 쏟아지는 비바람을 견뎌낼 힘도 생긴다. 감사 일기는 부정적인 생각의 쳇바퀴에서 빠져나올 수 있도록, 그리고 생각을 긍정적으로 전환하도록 도와준다.

처음에는 감사할 것이 딱히 생각나지 않았지만, 연습의 힘을 믿기로 했다. '억지 연습이라도 하다 보면 무언가 하나는 진심으로 감사할 수 있는 것이 떠오르겠지'라는 마음이었다. 내가 감사 일기 쓰기를 연습한 방법은 두 가지다.

① 순수하게 정말로 감사하는 것들에 대해 쓴다.
내가 억지로 찾아내려 하지 않아도 순수하게 저절로 감사할 수 있는 것은 삶이다.

나는 이 세상에 태어난 것이 참 좋다. 매 순간 생을 느끼는 것이 참 좋다. 거대한 시공간 속에서 내게 삶이 주어졌다는 것, 내가 살아 있다는 것을 꽤 자주 자각하고 그것에 감사한다. 태어나지 않았다면 아무것도 경험하지 못했을 것이다. 나의 몸과 마음으로 사는 것, 어두운 밤이 가고 아침이 오면 다시 밝고 바빠지는 세상을 보는 것, 세계 곳곳에서 다양한 일들이 벌어지는 것, 모두 다 신기하고 재밌다. 살아 있다는 신비로움을 함께 느낄 수 있어서, 이 좋은 걸 함께할 수 있어서 감사하다.

이렇게 괜스레 내게 주어진 생을 느끼고 나니, 하루하루를 더 만끽하고 즐기며 살고 싶다는 마음이 들었다. 후회와 불안으로 삶을 채우기엔 너무 아깝게 느껴졌다. 마치 여행 갔을 때 매 순간을 소중한 경험으로 채우려고 애쓰는 느낌, 허투루 시간을 보내면 아까운 느낌과 같다. 하루하루를 여행처럼 정성 들여 기뻐해야겠다. 작정하고 열심히 좋은 것, 새로운 것, 즐거운 것을 경험해야겠다. 들뜨고 설레는 마음이 든다.

② 아쉽고 후회되는 일의 반대편을 들여다보고 긍정적인 측면을 찾아내서 감사한다.

이 경우에는 노력이 조금 더 필요하다. 속이 상해 죽겠는데 상황의 이면을 보고서 애써 좋은 점을 찾아내야 하기 때문이다. 예를 들어 나의 경우에는, '애초에 전공 선택을 잘할걸', '애초에 직업 선택을 잘할걸', '빨리 가정을 꾸릴걸' 하는 아쉬움과 후회가 많았다. 현재가 만족스럽기 위해서는 과거에 더 훌륭한 선택을 했어야 했다고 믿었기 때문이다. 이들의 뒤편으로 돌아가 이면을 들여다보았다. 그리고 애써 생각을 뒤집어 감사해보았다.

100세 시대에, 이직은 흠도 아닌 시대에, 이 공부 저 공부해본 덕분에 재주가 더 많아져서 감사하다. 한 우물을 파지 못한 것은 아쉽지만, 이 일 저 일 다양하게 경험해봐서 감사하다. 쓸 수 있는 무기가 많아져서 감사하다. 노처녀로 늙어 죽을까 봐 걱정되지만 그래도 자유로운 삶에 감사하다.

긍정적인 측면을 찾아내려고 애쓴 만큼 찾아져서 다행이다. 마치 25년 전에 엄마가 보이지도 않는 흰머리를 찾아서 뽑아달라고 했을 때처럼 눈 비비며 샅샅이 뒤져야 했지만, 그래도 해낼 수 있는 일이었다. 감사 일기 덕분에 갇혀 있던 생각이 열린 창문으로 조금 트인 느낌이다.

• 최근 일주일 동안 어떤 음식을 먹었나요?

• 다음 일주일 동안 어떤 음식을 먹으면 좋을까요?

• 모임에 가입한다면/만든다면 어떤 모임이 재밌을까요?

• 최근 감사했던 일 세 가지는 무엇일까요?

5장

사랑스러운 사람이 되고 싶을 때

▷ 셀프헬프 5단계 ◁
자기애 증진하기

"내가 무엇을 했을 때 행복하고 기분이 좋은지 떠올려보세요.

아기자기한 카페에 가는 걸 좋아한다고 하셨잖아요.

그럼 주말에 카페에서 맛있는 크루아상에 커피를 마시는 것도

나를 사랑해주는 방법 중 하나예요."

나를 사랑하는 게
도대체 뭐야?

어느새 마음이 잔잔한 파도를 탔다. 더 이상 들썩이지 않는 날들이 하루 이틀 지속되었다. 높고 낮음을 거칠게 반복하던 곳을 지나 비로소 고요한 곳으로 흘러들어온 것만 같다. 더 이상 무기력하거나 침울하지도 않고, 아무런 감정 소모 없이 하루를 우직하게 살고 있다. 아침이 오면 기분 좋게 일어나고, 하루 동안 내게 주어진 일들에 성실히 임하며, 잠들기 전 오늘에 대한 후회를 남기지 않는다. 이토록 무탈한 일상을 참 오랫동안 기다렸다.

두 달 전에는 바라던 회사에 헬스케어 데이터 분석가로 이직했다. 환자들의 질병 상태와 예후를 더 깊게 분석하는 일인데, 예전보다 더 가슴을 뛰게 한다. 데이터에 불과하지만 마치 환자 한 명 한 명과 끈끈하게 만나는 느낌, 내가 연구하고 분석한 결과가 언젠가 그들에게 닿아 도움이 될 것만 같은 느낌이 든달까. 내가 쌓았던 지식과 기술들이 필요한 곳에 요긴하게 잘 쓰이니 비어 있던 마음 한켠이 서서히 차오른다. 직장에서의 하루하루가 소소하면서도 묵직한 의미가 돼 다가온다.

인생의 짝꿍이 없다거나 오손도손한 울타리를 만들지 못했다는 사실에 아쉬운 마음 또한 들지 않는다. 오히려 성숙하지 못한 사람에게 더 이상 감정을 소모하지 않으니 평화롭다. 나 혼자서 채우는 일상이 이토록 온전할 줄이야. 그때는 몰랐다. 나와 맞지 않는 사람은 내게 '우리 둘'이라는 착각만 줬을 뿐, 오히려 내 삶은 반쪽이었다. 그래서 혼자라도 온전한 일상을 살아갈 수 있는 현재에 감사하다.

시간이 걸렸지만 나를 괴롭게 하던 모든 것들이 좋은 자리를 찾아 흘러가고 있다. 이제와 보니 꼭 굽이쳐 흘렀어야 하는 것도 있었고, 한동안 고여 있다가 흘렀어야 하는 것도 있었다. 비바람을 마주해야만 흐를 수 있는 것도 있었다. 그럴 수 있는 것들, 그래도 괜찮은 것들도 있었다. 내가 나를 너무 몰아세우며 살아온 것은 아닌지, 마음에 여유가 생긴 지금에서야 뒤돌아본다. 내 마음속에 내가 없는 빈 껍데기로만 살지 않았던가.

다시는 이 가난한 마음을 느끼고 싶지 않다. 또 중심을 잃고 싶지 않다. 삶의 한 때 한 때를 조금 더 의연하고 즐겁게, 너그럽고 담대하게 살고 싶다. 에린은 이마저도 알고 있을까.

심리상담가 에린과의
다섯 번째 만남

"그동안 어떻게 지내셨어요? 새로 이직한 회사는 잘 적응하고 있나요?"

"네, 저 요즘에 참 잘 지내요. 하는 일도 좋고, 동료들도 좋아요. 마치 아무 일도 없던 것처럼 일상이 건강해요. 크게 신나는 일은 없지만, 소란스럽지도 않게 하루하루가 흘러가요. 마치 촘촘한 톱니바퀴 돌아가듯이요. 마음이 안정되면서도 단단하게 굳은 지금이 참 좋아요. 앞으로 지금처럼만 지내면 소원이 없겠어요. 그래서인지 '나를 또 잃으면 어쩌나' 하는 걱정이 들어요."

"잘 지내신다니 정말 기쁘네요. 그리고 그런 걱정이 드는 것도 이해해요. 이제 생활이 많이 안정됐으니 본인 스스로를 사랑하고 아껴주는 연습을 하면 어떨까요? 내면이 나에 대한 사랑으로 꽉 차야만 나를 잃지 않을 수 있어요."

"그런가요? 저는 사실 그게 뭔지 정확히 잘 모르겠어요. 사람들은 '스스로를 사랑하라'는 말을 참 흔하게 쓰잖아요. 그런데 저는 어떤 생각과 어떤 행동들이 나를 사랑해주는 건지 너무 모르겠고 생소해요."

"그러면 차근차근 시작하기로 해요. 첫 번째로는 내가 좋아하는 것들을 해보면 좋겠어요. 내가 무엇을 했을 때 행복하고 기분이 좋은지 떠올려보세요. 아기자기한 카페에 가는 걸 좋아한다고 하셨잖아요. 그럼 주말에 카페에서 맛있는 크루아상에 커피를 마시는 것도 나를 사랑해주는 방법 중 하나예요. 미술관에 가는 것도 좋아하시잖아요. 그러면 친구랑 미술관에 가는 것도 나를 사랑해주는 거예요. 그리고 내가 내 건강을 챙길 때 나를 사랑해주는 느낌이 들어요. 저는 건강한 샐러드를 먹거나, 땀 흘려 운동을 하거나, 명상을 하면 스스로를 사랑해준다고 느끼죠."

"그렇군요. 아직 어떤 느낌인지는 확 와닿지는 않아요. 그래도 시작해볼 수는 있을 것 같아요. 하다 보면 느껴지겠죠?"

"그럼요. 하다 보면 서서히 느껴질 거예요. 나를 사랑하는 두 번째 방법은 스스로를 친절하게 대하는 거예요. 어떤 사람들은 실수했을 때 필요 이상으로 자책하거나, 자신의 단점에 지나치게 몰두하거나, 외모에 불만을 가지기도 해요. 자신을 친절하게 대하지 않는 거죠. 하지만 스스로를 마치 꽃 화분을 다루듯 대해주면 좋겠어요. 꽃은 비난하고 면박을 주면 아름답게 자라지 못해요. 햇빛과 물이 있어야 성장하는 거예요. 나를 사랑하고 친절하게 대하는 것은 스스로에게 좋은 영양분을 주는 것과 같아요."

"듣고 보니 제가 딱 그런 사람이었네요. 아무리 잘해도 만족스럽지 않았고, 오히려 더 잘해야 한다고 닦달했거든요. 그게 제 성장의 원동력이라고 생각했는데, 건강하지 않은 방법이었죠."

"내게 친절한 것이 훨씬 더 강력하고 건강한 원동력이자 영양분이에요. 이번 기회에 연습해보면서 직접 느껴보시면 좋겠어요."

"네, 한번 노력해볼게요."

"그리고 세 번째는요. 내가 지금 어떤 모습이든, 어떤 상황에 놓여 있든, 그 순간의 나의 모습에 만족할 수 있는 연습을 해야 해요. 모두 마음에 달린 거예요. 내가 원하는 삶이 아니라고 해서 필연적으로 고통스러울 필요는 없어요. 언제든 스스로 현재 상태에 만족하고 기쁨을 찾기로 마음먹는다면, 충분히 행복할 수 있어요. 행복은 내가 어떤 마음을 가지기로 선택하느냐에 달린 거예요."

"음…… 이번에도 어렴풋이 이해는 되지만, 어렵네요. 현실은 그렇지 않은데 어떻게 만족하기로 마음먹을 수 있는 건지…… 갑자기 행복하기로 한다고 그게 가능한지…… 잘 모르겠어요. 솔직히 전 제가 평생 지금처럼 혼자 살아간다면 행복하고 싶어도 그럴 수 없을 것 같아요."

"저도 상원 씨가 행복하게 살길 바라요. 그런데 제가 해주고 싶은 얘기는 이거예요. 결혼을 하지 않아도 충분히 가치 있고 즐거운 삶을 살 수 있다는 걸 깨달아야 해요. 아이가 없어도 인생이 충분히 풍요롭고 다채로울 수 있다는 걸 깨달아야 해요. 많은 사람이 사회가 정한 여러 가지 관념을 무의식적으로 따르고 있어요. 대다수가 하고 있는 일이 옳거나 좋다고 여기죠. 나 또한 사회가 정한, 대다수가 하고 있는 일을 해야만 행복해질 수 있다고 믿고요. 뒤처지는 것 같으면 스스로를 쓸모없고 가치 없다고 느끼게 되고요. 그래서 고통스럽죠. 끊임없이 남들과 비교하는 것은 자존감을 낮추기만 해요. 무의식적으로 따르고 있는 '나는 이렇게 해야만 한다'라는 사회적 통념과, 본인이 진실로 원하는 것을 구분해야 해요. 그렇게된다면 어떤 상황에서도 만족하고 기쁨을 찾을 수 있어요."

"듣고 보니 그렇네요. 그런데 그걸 어떻게 구분할 수 있죠? 어떻게 해야 해요?"

"제가 책 한 권을 추천해줄게요. 《You are a Badass》*라는 책인데, 제 인생을 바꿔준 책이에요. 어떻게 하면 사회적 잣대로 나를 판단하지 않는지 자세히 적혀 있어서 도움이 많이 될거예요. 덕분에 저는 '나와 내 삶은 지금 이대로 충분히 아름답다'는 생각을 가지게 됐어요. 비로소 저를 제대로 사랑할 수 있게 된 거예요. 내면이 나에 대한 사랑으로 꽉 차니까 정말 행복해요. 제 인생은 이 책을 읽은 전과 후로 나뉘어요. 정말로요."

* 편집자주: 뉴욕타임스 32주 연속 베스트셀러. 한국어판은 《사는 게 귀찮다고 죽을 수는 없잖아요?》로 2019년에 홍익출판사에서 출간했다.

자가 진단 테스트

자기애란 스스로를 있는 그대로 받아들이고 사랑하는 마음을 뜻한다. 자기애는 우리 삶의 모든 부분에 영향을 미친다. 일상부터 스스로를 바라보는 방식, 결정을 내리는 방식, 심지어 다른 사람과의 관계에도 영향을 미친다. 자기애가 부족하면 건강하지 못한 관계에 휘둘리기 쉽고, 타인으로부터 받는 사랑이나 관심에 지나치게 집착할 수도 있다. 나를 과소평가해서 내가 할 수 있는 일에 한계를 두기도 한다. 따라서 긍정적이고 건강한 삶을 살기 위해서는 어느 정도 자기애를 갖는 것이 필요하다.

자기애가 부족하다는 신호

① 나의 있는 그대로의 모습을 숨긴다.

'마스킹masking'이라고도 하는 이 행동의 원인은 다른 사람들이 자신의 진짜 모습을 보고 실망할까 봐 두려워하는 데 있다. 스스로가 자신의 모습을 좋게 생각하지 않기 때문에 숨기고 싶어 하는 것이다. 일부러 내가 아닌 다른 모습을 보여줌으로써 상대방에게 좋은 인상을 주고 싶어 한다.

② 자신의 행동을 지나치게 분석하고 판단한다.

자신의 진짜 모습을 숨기고 좋은 모습만 보여주려고 자신의 행동을 지나치게 분석한다. 분석한 정보를 마스킹을 하는 데 사용할 수 있기 때문이다. 때로는 아예 다른 사람이 되기 위해 주변 사람들을 모방하고자 그들의 행동을 분석하기도 한다.

③ 다른 사람들이 나를 판단하는 것을 매우 두려워한다.

다른 사람들의 시선을 과도하게 의식한다. 사람들이 자신의 행동, 입은 옷, 하는 말 등을 면밀히 관찰하거나 판단하고 있다고 생각한다. 이런 걱정 때문에 사람들 앞에 나서는 일에 부담을 느낀다.

④ 정신 건강과 육체 건강을 돌보지 않는다.

자신을 사랑하지 않는 사람은 끼니를 거르거나 폭식을 하는 등, 건강을 잘 챙기지 못한다. 기분을 조절하거나 감정을 극복하기 위해서 알코올이나 마약에 의존하기도 한다.

⑤ 열등감을 느낀다.

자신의 성격, 외모, 학벌 등이 다른 사람들보다 열등하다고 느낀다. 필요 이상으로 자신이 부족하다고 생각한다. 자신은 사랑받을 자격이 없다고 생각하거나 스스로를 받아들이고 사랑하는 것에 어려움을 느낀다.

⑥ 스스로에게 지나치게 엄격한 잣대를 들이댄다.

내가 얼마나 노력했든 간에 '충분하지 않다'고 느낀다. 그동안 이룬 성취에 자부심을 느끼기보다는 오히려 실패하고 이루지 못한 것들에 집착한다. 자신을 다른 사람과 끝없이 비교하고 자신의 단점에 지나치게 매몰돼 있기 때문에 자기만족이 어렵다.

⑦ 자신감이 부족하다.

자신의 의견이나 생각이 별로 중요하지 않다고 생각한다. 상대가 거절하거나 무시할까 봐 두려워 어떤 의견도 내지 않는 것을 최선으로 생각한다. 그래서 여러 사람과의 미팅이나 회의 때 조용히 있거나 다른 사람들에게 자신의 생각을 나누지 않는다.

⑧ 과도한 관심과 확인이 필요하다.
스스로 확신이 없기 때문에, 다른 사람들로부터 자신이 잘하고 있는지 과도하게 확인받고 싶어 한다.

⑨ 타인과 건강한 관계를 맺는 것이 어렵다.
상대방에게 거절당할까 봐 두려워서 먼저 관계를 끊기도 한다. 또는 관계 안에서 상대방보다 열등하다는 느낌 때문에 상대에게 끊임없이 인정을 요구하기도 한다.

⑩ 부족한 대우를 받더라도 만족한다.
자신의 성취에 비해 부족한 보상을 받더라도 안주하고, 만족한다. 성취하기 위해 본인이 들인 노력과 시간을 과소평가하기 때문이다.

좋아하는 활동하기

자기애를 증진하는 방법에는 여러 가지가 있다. 그중에서도 가장 쉽게 시작할 수 있으면서도 매우 효과적인 방법 중 하나는 '좋아하는 활동하기'다. 삼시 세끼 밥을 먹는 것처럼, 마음에도 밥과 영양분이 필요하다. 나를 행복하게 하거나 기쁘게 만드는 일은 나의 영혼을 살찌운다. 예를 들어서 취미 활동하기, 편한 사람들을 만나기, 명상이나 요가처럼 나의 마음을 편안하고 즐겁게 해주는 활동들을 찾아서 해야 한다.

말은 쉬워 보이지만, 생각보다 우리는 좋아하는 일을 하나도 하지 않고 일주일을 보내기도 한다. 어쩌다가 시간이 될 때 잠깐 하는 것은 자기애를 증진하는 데 충분하지 않다. 핵심은 좋아하는 일을 일부러 시간을 내서 주기적으로 하는 데 있다.

내가 무엇을 좋아하는지 찾기

내가 무엇을 좋아하는지, 무엇이 나를 기쁘게 하는지 쉽게 떠오르지 않는다면, 하나씩 탐구해나가는 것부터 시작할 수 있다. 아래의 예시들을 살펴보면 도움이 될 것이다.

- 영화를 볼 때 스트레스가 풀리고 즐겁다.
- 친구들과 만나면 에너지가 충전된다.
- 바다, 산, 공원, 강가, 여행지, 카페, 미술관 등 좋아하는 특정한 장소가 있다.
- 동물을 좋아한다. 반려동물과 함께 있을 때 행복하다.
- 책 읽기를 좋아한다. 힘들 때 읽으면 위로가 되는 책이 있다.
- 맛있는 음식을 먹을 때 기분이 좋아진다.
- 스포츠를 좋아한다. 혹은 스포츠 경기를 시청하면 스트레스가 풀린다.
- 음악을 들을 때 위로를 받거나 기분이 좋아진다.

좋아하는 것들을 활동으로 만들기

자신이 무엇에 행복을 느끼고 즐거움을 느끼는지 인지했다면, 다음으로 직접 실천할 수 있는 활동으로 만들어야 한다. 두세 가지를 함께 엮어서 한 가지 활동으로 만들 수도 있다. 예를 들어 영화 관람과 친구 만나기를 좋아한다면, 주말에 친구와 함께 영화관에 가보는 식이다. 다음 예시를 참고해서 자신만의 '자기애 증진 활동'을 만들어보길 바란다.

- 영화를 좋아한다면
— 주말에 영화관 가기

— 영화와 관련된 소모임 가입하기

— 좋아하는 영화 OST 수집하기

- 친구와 시간 보내기를 좋아한다면
— 함께 취미생활하기

— 집에 초대해서 홈파티하기

— 새로운 친구 사귀기

- 좋아하는 특정 장소가 있다면
— 등산하기

— 강가에서 자전거 타기

— 미술관에서 새로운 전시 관람하기

• 동물을 좋아한다면

— 반려동물과 산책하기

— 유기견 보호소에서 봉사하기

— 동물 보호 캠페인에 참여하기

• 책 읽기를 좋아한다면

— 북클럽 가입하기

— 서점에서 베스트셀러 구경하기

— 책 리뷰 남기기

• 스포츠를 좋아한다면

— 경기장에서 관람하기

— 동호회 활동하기

— 새로운 운동 배우기

• 음악을 좋아한다면

— 콘서트 가기

— 악기 배우기

좋아하는 일을 주기적으로 하도록 일정 짜기

좋아하는 일을 하도록 일정을 짤 때는 두 가지를 고려해야 한다. 첫 번째로 자신이 좋아하는 일을 함으로써 얻는 기쁨과 즐거움, 두 번째는 들어가는 시간, 비용, 부담 등 효율이다. 아무리 재밌는 일이라도 비싸거나 시간 투자를 많이 해야 하면 자주 할 수 없고 오히려 부담만 된다. 그래서 '자주 할 수 있는 소소하게 행복한 일'과 '가끔 할 수 있지만 매우 행복한 일'을 나눠보기로 한다.

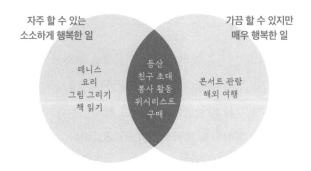

자신에게 친절하기

자신을 친절하게 대한다는 것은 사랑하는 가족이나 친구를 대하는 것처럼 자신을 존중하고 소중하게 여기는 것을 뜻한다. 하지만 대다수의 사람이 여기에 서툴며, 오히려 스스로에게 인색하거나 박한 경우가 많다. 다른 사람과 비교하며 자기비판을 하거나, 완벽해야 한다는 강박을 가지기도 한다.

요즘따라 스스로 못마땅하고 부정적인 생각이 부쩍 늘었다면, 자신을 친절하게 대하지 않고 있다는 신호다. 이런 상황이 반복되면 결국 자존감이 낮아지고 불행해진다. 따라서 자신을 돌보고 친절하게 대하는 연습이 필요하다. 처음부터 잘할 수는 없겠지만, 노력한다면 마침내 자존감도 높일 수 있고 자기애도 증진할 수 있다.

자신을 친절하게 대하는 19가지 방법

① 소셜 미디어와 거리두기:

인스타그램을 비롯한 여러 소셜 미디어에는 친구와 동료들의 사진과 소식이 가득하다. 여행 간 사진, 파티하는 사진, 멋진 레스토랑에서 식사한 사진, 승진 소식, 이직 소식 등등이 매일 쏟아진다. 이때 자신과 그들을 비교하지 않는 건 참 어렵다. 마치 나만 빼고 모두가 완벽한 삶을 사는 것처럼 보인다. 하지만 보이는 것이 전부는 아니다. 비교는 다른 사람이 아닌 어제의 나 자신과 해야 한다. 어제보다 내게 더 친절하고 즐거운 오늘을 살 수 있도록 노력하는 것이 중요하다.

② 자존감을 높여주는 사람들과 함께하기:

나를 비난하는 사람들은 피하는 것이 낫다. 내가 나일 수 있게 해주는 사람들, 내 모습을 보여줘도 괜찮은 사람들, 날 응원해주고 자존감을 높여주는 사람들과 함께 보내는 시간을 늘려야 한다.

③ 스스로 부정적인 이야기 하지 않기:

'난 그런 거 못 해', '난 예쁘지 않아', '난 잘하는 게 하나도 없어' 등의 부정적인 생각을 그만해야 한다. 스스로 누구보다 부족한 모습을 잘 알기 때문에 단점들이 더 잘 보이기 마련이다. 그렇다고 부정적인 말만 하면 자존감만 떨어진다. 따라서 '노력하면 할 수 있어', '지금도 충분히 아름다워', '나도 잘하는 게 있어'라는 긍정적인 말로 바꿔야 한다.

④ 스스로 칭찬하기:

남들에게 칭찬받기 위해 노력하는 경우가 있다. 무언가를 잘했을 때 칭찬받지 못하면 아쉽고 힘이 빠진다. 유념하자. 타인이 해주는 칭찬에만 목말라할 필요는 없다. 스스로 칭찬의 말을 해주면 된다. "오늘도 열심히 일했다", "성실한 하루를 보냈다", "나와의 약속을 지켰다" 등, 사소하지만 응원이 되는 칭찬을 해주면 된다. 매일 인정과 긍정의 말을 해주는 것이 중요하다.

⑤ 나를 돌보는 시간 만들기:

휴식은 꼭 필요하다. 스트레스를 많이 받거나 업무에 대한 압박이 클수록 일부러 시간을 내서 나의 몸과 마음을 돌봐야 한다. 취미 활동을 하거나, 충분히 자거나, 운동을 하면서 심신을 재충전할 시간을 가져야 한다. 그렇지 않으면 쉽게 번아웃을 느낄 것이다.

⑥ 나를 위한 감사 목록 만들기:

자신에 대해 자랑스러운 것들과 감사하는 것들에 대해 적어본다. 한두 가지라도 적어보면, 스스로 얼마나 괜찮은 사람인지 깨닫는 데 도움이 된다. 특히 우울한 날이나 위로가 필요한 날에 읽어보면 큰 힘이 될 것이다.

⑦ 더욱 자주 거절하기:

거절하면 상대가 나를 싫어할까 봐 두려워서 무리한 요청도 받아들이는 경우가 있다. 하지만 이것은 오히려 나 자신을 지치게 만든다. 업무가 과도하게 쌓이거나 부탁이 줄을 잇는 불상사가 벌어지기도 한다. 그렇기 때문에 "아니"라고 말할 수 있는 것은 매우 중요하다. 내 시간이나 에너지를 과도하게 뺏는 일에는 정중하게 자주 거절할 수 있어야 한다.

⑧ 통제할 수 있는 일과 없는 일 구분하기:

내 힘으로 바꿀 수 없는 일을 겪었을 때 상황을 지나치게 통제하려고 들지 않고 받아들이는 것이 현명하다. 그 안에서 내가 할 수 있는 일이 무엇인지 분간해서 찾아내고 그 일에 집중해야 한다. 이렇게 생각하는 방식을 바꾸면 긍정적으로 대처할 수 있게 되고, 쓸데없는 걱정도 훨씬 줄일 수 있다.

⑨ 완벽하지 않음을 인정하기 :

해야 하는 일들을 다 끝내지 못했다고 해서 자신을 비난하거나 낙담할 필요는 없다. 언제나 계획한 일들을 모두 끝낼 수는 없다. 다른 사람에게 인정받기 위해서 모든 것을 다 해내야만 한다는 압박에서 벗어나야 한다. 다 해내지 못해도 괜찮다는 것을 받아들여야 한다.

⑩ 기분 좋은 활동하기 :

바쁜 생활 속에서도 시간을 일부러 내서 좋아하는 활동을 해야 한다. 우리는 가족, 친구, 직장 동료를 위해 시간을 쓰는 일은 익숙해하면서, 나 자신을 위해 시간을 쓰는 일은 어색해한다. 하지만 소소하게나마 기분이 한결 좋아지는 활동을 자주 하는 것이 좋다. 좋아하는 커피를 마시거나, 좋은 음악을 듣거나, 가볍게 산책을 하는 등 일상에서 어렵지 않게 할 수 있다.

⑪ 안주하지 않기 :

사람들은 마음에 들지 않는 상황에 놓여 있더라도 안주하는 쪽을 택할 때가 있다. 직장이 마음에 들지 않거나 불행한 연인 관계에 있어도 변화나 발전을 추구하지 않고 포기하거나 안주한다. 무언가가 내 삶을 가두고 있다면, 그것이 직장이든 연인이든, 용기를 내서 변화를 도모해야 한다.

⑫ 채소 많이 먹기:

채소에는 비타민과 영양소들이 풍부하고, 그중에는 우울감은 줄이고 행복감은 더 느낄 수 있게 해주는 비타민들도 많이 있다. 기분뿐만 아니라 면역력에도 도움이 되기 때문에 식단에 채소를 더 늘려야 한다.

⑬ 건강한 집밥 만들어 먹기:

배달음식보다는 직접 요리한 집밥을 먹는 것이 좋다. 건강과 영양소를 고려해서 집에서 밥 한 끼 만들어 먹는 것 또한 나를 친절하게 대하는 방법이다. 거창한 요리일 필요는 없다. 퇴근 후 피곤하더라도, 간단하고 빠르게 만들어 먹을 수 있는 음식이 있다면 집에서 건강하게 만들어 먹는 것이 좋다.

⑭ 아침마다 몸무게 재지 않기:

다이어트가 목표인 사람들에게 아침마다 몸무게를 재는 일은 일상일 것이다. 그러나 건강 문제 때문이 아니라 예뻐 보이기 위해 다이어트를 할 때는 매일 몸무게를 재지 않는 것이 차라리 낫다. 내 몸무게를 확인해볼 때 늘었거나 그대로인 경우마다 기분을 망치고 '난 날씬하지 않아'라는 부정적인 메시지를 스스로 심기 때문이다. 날씬해야 한다는 압박이 느껴지면, 몸무게가 날 정의하지 않으며 몸무게에 상관없이 난 아름답고 행복할 수 있다고 스스로 말해줘야 한다.

⑮ 8시간 이상 수면하기 :
충분히 수면을 취하지 못하면 에너지 레벨이 낮아지고, 기분도 처지고, 집중력도 낮아진다. 좋은 컨디션을 유지하기 위해서는 평소보다 더 일찍 잠자리에 들고 최소한 8시간은 자야 한다.

⑯ 따뜻한 물로 목욕하기 :
바쁜 하루를 끝냈을 때 따뜻한 거품 목욕을 하는 것만큼 긴장을 풀어주는 것은 없다. 따뜻한 물은 근육의 이완을 도와 하루 동안 받았던 스트레스를 날려준다. 좋은 향기가 나는 거품 목욕을 하면서 음악을 듣거나 책을 보거나 영화를 보는 것도 좋은 방법이다.

⑰ 재밌는 콘텐츠 시청하기 :
종종 웃기고 즐거운 TV 프로그램이나 영화나 드라마를 보는 것도 좋다. 웃을 때 엔도르핀이 분비되기 때문에 기분 전환에 큰 도움이 된다.

⑱ 먹고 싶은 디저트 먹기:

먹고 싶은 음식이 있는데 억지로 참으며 먹지 않는 것은 오히려 그 음식을 더 원하게 만든다. 가끔은 내가 원하는 음식을 맛있게 먹는 것도 나에게 친절하게 대하는 방법 중 하나다. 그게 디저트라면 더욱 그렇다.

⑲ 스트레칭하기:

말해 뭐하랴. 스트레칭을 매일 하면 자세도 좋아지고 마음도 안정된다.

억압적인 무의식적 사고에서 벗어나기

의식적인 사고와 무의식적인 사고

의식적인 사고는 정보를 처리하는 모든 과정을 담당한다. 생각하고, 판단하고, 분석하고, 비평하고, 걱정하고, 결정하는 모든 것이다. 의식적인 사고는 전두엽이 담당하고 있는데, 이 전두엽은 사춘기 무렵에야 완전히 발달된다. 따라서 사람은 어릴수록 의식적인 사고가 완전히 발달하지 않아 주위에서 들리는 얘기들을 여과 없이 쉽게 믿는다. 산타할아버지가 굴뚝으로 내려와 선물을 준다는 말도 쉽게 믿었던 이유다. 어릴 때 "일류 대학을 가지 못하면 실패자"라는 얘기를 들으면 시험 점수에 매달리고, "돈이 없으면 불행하다"라는 얘기를 들으면 돈만이 세상 살아가는 데 필요한 전부라고 생각한다.

반면에 무의식적 사고는 태어났을 때부터 완전히 발달돼 있다. 감정, 본능과 연결돼 있는 만큼, 무의식적 사고는 분석의 과정을 거치지 않아 정보를 여과 없이 받아들인다. 무엇이 진실이고 거짓인지, 무엇이 옳고 그른지 판단하지 못한 채 말이다. 에린이 추천한 책《You Are a Badass》의 저자 젠 신체로Jen Sincero 역시 우리는 무의식적 사고에 지배를 당하고 있다고 말한다.

우리를 지배하는 대부분의 무의식적인 사고는 어디에서 왔을까. 대게 부모님으로부터 왔을 것이다. 갓난아이 때부터 우리의 무의식 속에 그들의 신념과 사회적 통념을 가장 먼저, 그리고 가장 자주 심어주는 사람은 부모님이기 때문이다. "공부를 잘해야 한다", "좋은 회사에 취직해야 한다", "안정적인 직장을 가져야 한다", "결혼은 해야 한다" 등, 부모님은 끊임없이 메시지를 전달하고, 자식이 그대로 따르길 바란다.

부모님이 우리의 무의식을 조종하려는 의도가 있기 때문이 아니다. 자식을 사랑하는 마음, 해로운 것으로부터 미리 보호하고 싶은 마음, 바르게 성장하길 바라는 마음에서 그들이 생각하는 가장 옳은 조언을 해주는 것이다. 그런데 부모님 또한 자신의 부모에게서 들었고 사회로부터 배웠던 통념과 믿음을 알려줄 뿐이다. 조부모님, 증조부모님, 고조부모님도 그러하다. 대대손손 전해 내려온 사회적 통념과 신념은 어느새 절대적인 진리처럼 자리 잡는다. 우리는 그 진리가 견고하면 견고할수록 조심해야 한다. 지금 세대 혹은 현재의 나와 맞지 않는 시대착오적인 생각일 수도 있기 때문이다. 이를 깨닫지 못한다면 내가 아닌 다른 사람들이 살았던 까마득한 옛날을 사는 것과 같다.

더 큰 문제는 성인이 되어 내 나름의 기준과 사고력과 판단력이 생겼을 때 발생한다. 갑자기 무의식적 사고와 의식적 사고가 충돌하는 것이다. 내가 하고 싶은 것이나 옳다고 생각하는 것들이 그동안 나를 지배해온 무의식적 사고와 대립하기 때문이다. 한 예로, 현재 대기업에서 억대 연봉을 받으며 팀에서 인정도 받는 위치에 있다고 해보자. 두 자녀가 있고, 집 대출금을 갚아야 하고, 노후도 준비해야 하는 상황이다. 이런 상황에서 대기업에서 안정된 직장생활을 하는 것은 매우 든든할 것이다. 그런데 내가 진정으로 하고 싶은 일은 연극배우라면 어떨까. 대기업을 박차고 나와서, 수익도 안정도 보장되지 않는 연극배우를 쉽사리 할 수 있을까. 대부분의 사람은 망설이고 포기한다.

나를 억압하는 무의식적 사고는 내가 살고 싶은 인생의 가장 큰 방해 요소다. 다른 누구도 아닌 나 자신이 스스로의 성장을 막고 행복을 저지한다. 그렇기 때문에 나도 모르게 나를 지배하는 무의식적인 사고와 내가 주체적으로 하는 의식적인 사고를 구분하는 것이 중요하다.

무의식적 사고에서 벗어나는 법

나를 억누르는 무의식적 사고에서 벗어나기 위해서는 우선 지금 드는 생각이 무의식적 사고라는 것을 인식해야 한다. 나를 통제하고 있는 생각이 사실 무의식의 영역에서 나오고 있다는 것을 알아채지 못하면, 의식적인 사고로만 해결하려고 들기 때문이다. 예를 들어 '세계 여행을 하고 싶다'는 생각이 들지만 이와 동시에 '내 처지에 여행하는 것은 무책임하고 분수에 맞지 않는 일이야'라는 생각 때문에 갈등을 느낀다고 해보자. 혹은 '작가가 되고 싶다'는 생각이 들지만 '작가로 먹고사는 것은 힘든 일이야'라는 두려움을 느낀다고 해보자. 이때 갈등과 두려움의 감정이 어디에서 기인한 것인지, 내 무의식 속에 나도 모르게 자리 잡은 불안함인지를 우선 인식하고 파악하는 것부터 시작해야 한다.

막연한 두려움과 억압이 무의식적 사고가 만들어낸 것이라고 인식이 되었다면, 그 후에는 왜 그러한 사고가 심어진 것인지 스스로 질문을 던지며 더 깊이 파고들어야 한다. 그 질문에 답을 하는 과정에서 무의식적 사고의 연결고리가 끊어진다. 예를 들어 직장에서 낮은 연봉을 받으면서 안주하고 있는 경우를 생각해보자. 의식적 사고는 '내 능력으로 이직을 하면 더 높은 연봉을 받을 수 있어'인 반면 무의식적 사고는 '원래 돈 버는 게 어렵지. 다른 회사에 가도 마찬가지일 거야'라면 어떻게 해결할까.

첫 번째, 내게 한계를 두고 성장을 막는 생각과 두려움들이 무의식에서 왔다는 것을 인식한다.

두 번째, 분석적으로 질문한다. '내 능력보다 훨씬 낮은 연봉을 받고 있는 걸까?', '이것보다 높은 연봉을 받는 것이 내게 불가능한 일일까?', '이 많은 회사 중에 내게 더 나은 연봉을 줄 회사가 단 한 군데도 없을까?'

세 번째, 돈에 대한 부모님의 관점과 생각들, 내 주변 사람들이 돈을 대하는 태도를 생각해본다. 돈 버는 것을 힘들어하셨는지, 돈을 더 벌 수 없다는 두려움이 있었는지, 돈에 대한 부정적인 기억이 있는지를 알아본다.

네 번째, 나와 그들이 돈에 대해 가지는 태도에서 비슷한 점이 있는지 살펴봐야 한다. 만약 비슷한 태도과 관점을 가지고 있는 것이 보인다면, 내게 있는 돈에 대한 두려움이나 부정적인 생각은 그들에게서 왔을 가능성이 크다.

이렇게 분석적인 질문들을 통해서 나를 방해하는 것이 무의식적 사고임을 깨닫는다면, 마침내 껍질을 깨고 세상에 나올 준비가 된 것이다. 그렇게 되면 자신을 바라보는 관점이 긍정적으로 변할 수 있고, 내가 진정으로 행복해지는 삶을 추구할 수 있을 것이다.

좋아하는 활동하기
실천 후기

내게는 들을 때마다 당황스러웠던 질문이 하나 있다. "뭐 좋아해?" 나의 대답은 늘 하나였다. "좋아하는 거 딱히 없어." 그러면 상대방은 멋쩍은 듯 웃으며 취미가 뭐냐, 스트레스를 어떻게 푸냐, 주말에는 뭐 하냐며 다시 물었다. 나는 별거 없다고 해왔다.

일부러 성의 없게 답하거나 대화를 끊을 의도는 아니었다. 정말로 내가 무엇을 좋아하는지 모르겠을 뿐만 아니라 생각해본 적도 없었다. 무엇을 좋아하는지는 내게 전혀 중요하지 않았다. 살기 바빴다. 좋아하는 것은커녕, 해야 하는 것만 가득했다. 잠잘 시간도 부족한데 취미생활이라니. 그럴 여유는 없었다. 마치 인생을 거대한 프로젝트 진행하듯이 살았다.

다음 달까지, 내년까지, 5년 후까지 해내야 할 것들이 가득했고 그 데드라인을 지키기 위해서 늘 뛰었다.

　지금의 나는 여름 한철 대차게 울고 바닥에 떨어진 매미 같다. 에린이 좋아하는 것을 찾아보라고 했을 때, 이건 또 어떻게 찾나, 막막했다. 에린은 그런 나의 안색을 살피고 말해준 것이다. 활기찬 분위기의 카페를 좋아하지 않느냐고, 아메리카노에 치즈케이크 먹는 것 좋아하지 않느냐고. 그럼 그것부터 시작하면 된다고. 미술관에 가는 것, 맛있는 브런치를 먹는 것, 금요일 저녁에 영화 한 편 보는 것부터 시작하자고.

　'맞아, 이게 내가 좋아하는 것들이지, 이런 사소한 것들도 '좋아한다'는 범주에 속하는구나' 하고 깨달았다. 소소한 행복들이 내게도 존재하고 내 일상을 이뤄주고 있단 걸 너무 잊고 있었다. 대단한 엔도르핀이 나오게 하는 것이 아닐지라도, 작은 즐거움을 주는 것들이 내게도 있다. 바로 그 주말, 제일 좋아하는 카페에 갔다. 블루베리 치즈케이크와 아이스 아메리카노를 주문해서 예쁜 창가 자리에 앉았다. 그리고 내가 나를 열심히 먹이며 애써 인지했다. 현재 나는 내가 좋아하는 일을 하고 있으며, 이것은 곧 나를 사랑해주는 일이며, 그럼으로써 자기애를 높이고 있는 중이라고.

노트북으로 글을 쓰기로 했다. 누군가에게는 고리타분하게 느껴질 수도 있겠지만, 내가 아직 더 신나고 즐거운 일을 찾지 못해서 그럴 수도 있겠지만, 나는 글을 쓰는 것이 참 좋다. 수려하지도 않고 일기에 불과한 글이지만 내 생각이 가지런한 글자가 되는 것 자체가 신비롭다. 언제 읽어도 내 마음이 가장 잘 표현돼 있는 글을 읽자면, 시간을 넘어선 위로도 받는다. 나의 생각과 감정에 대한 기록을 남기면 내가 그 순간에도 이 순간에도 열렬히 존재했다는 것 같아서 진한 의미를 주기도 한다.

　　나는 나의 여정에 대한 글을 쓰기로 했다. 감정이 높고 낮은 곡선을 그렸던 날들, 아무것도 하고 싶지 않고 할 수 없던 날들, 그리고 그것을 극복하기 위해 성실히 노력했던 날들에 대해 쓰기로 했다. 그래서 나와 비슷한 강을 건너는 사람들을 위해 나의 힘들었던 시간을 공유하고 위로를 전하고 싶다. 이것이 내가 글을 쓰는 궁극적인 목적인 것만 같다. 마치 다른 사람에게 공감과 위로를 전하기 위해서 글쓰기를 좋아하도록 태어난 것만 같다. 마지막 한 조각 남은 블루베리 치즈케이크를 입에 넣으며 손가락을 움직였다. '이야기의 시작: 내 인생이 잘못된 것 같은 느낌'.

자신에게 친절하기
실천 후기

돌이켜보면 난 늘 잘해야 한다는 압박 속에서 살았다. 그리고 얼마큼 잘하든 상관없이 내가 너무 부족하다고 느꼈다. 더 잘해야 한다고 내가 나를 달달 볶기 일쑤였고, 모든 시간과 에너지를 쏟아 노력했다. 쉬고 싶거나 놀고 싶은 마음이 들면 '됐어, 할 일이나 해'라고 나지막하게 핀잔을 주었다. 채찍질은 꽤 먹혔다. 원하던 목표들을 얼추 달성할 수 있었기 때문이다.

하지만 더 이상 이런 방법은 쓰고 싶지 않다. 더 이상 더 빨리 달리라고 나를 몰아세우고, 채근하고, 남들과 비교하며 자극하고 싶지 않다. 이것이 모든 사달의 근원 같다는 생각이 든다. 무기력했던 이유, 우울했던 이유, 불안했던 이유의 뿌리를 찾은 것 같다. 스스로 너무 엄격하고 박했다. 나를 아껴주지 못했다.

나도 그렇게 좋다고 소문이 난 자기애를 더 많이 가지고 싶고, 나에게 친절하고 싶다. 꼭 그래보고 싶다. 하지만 무엇을 어떻게 실천해야 하는지 막연했다. 그래서 에린이 보내준 자료에 있는 것들을 하나씩 읽어보고 실천해보았다. 그중에서도 내게 맞는 방법들을 천천히 찾아나가기 시작했다. 그리고 2개월이 지난 지금, 나를 있는 그대로 받아들이는 것과 나를 돌보는 것, 이 두 가지는 나의 일상의 한 부분이 되었다. 나자신을 친절하게 대하기 위해서 내가 선택한 방법들은 다음과 같다.

소셜 미디어와 거리두기

몇 년 전 인터넷에서 '당신은 당신의 시간 안에 존재합니다You Are In Your Time Zone'라는 글이 화제였다. 우리는 각자의 삶 속에서 각자의 시간대에 살고 있기 때문에, 남과 비교해서 자신이 느리다고 비난하거나 자책할 필요가 없다는 글이다. 글의 내용은 이렇다.

뉴욕은 캘리포니아보다 3시간 앞서지만, 그것이 캘리포니아가 느리거나 뉴욕이 빠르다는 뜻이 아니다.

누군가는 스물두 살에 대학을 졸업했지만 좋은 직장에 취직하기까지 5년이 걸리기도 하고, 누군가는 스물일곱 살에 대학을 졸업했지만 곧바로 취직되기도 한다. 누군가는 스물두 살에 CEO가 되었다가 쉰 살에 죽기도 하고, 누군가는 쉰 살에 CEO가 되었다가 아흔 살까지 살기도 한다. 누군가는 여전히 싱글이기도 하고, 누군가는 이미 결혼했지만 아이를 갖기까지 10년을 기다리기도 한다.

이 세상의 모든 사람은 각자의 시간대 안에서 살고 있다. 우리 주변의 어떤 사람은 나보다 더 앞서가는 것처럼 보이기도 하고, 어떤 사람은 나보다 뒤처져 있는 것처럼 보이기도 한다. 하지만 우리 모두는 각자의 시간대 안에서 각자의 레이스를 하고 있다. 오바마는 쉰다섯 살에 대통령직에서 퇴임했지만, 트럼프는 일흔 살에 대통령이 됐다.

다른 사람들을 시기 질투하거나 조롱할 필요 없다. 그들은 그들의 시간대 안에 있고, 당신은 당신의 시간대 안에 있다. 모든 것이 당신의 시간대 안에서 옳은 시기에 이뤄질 것이다. 당신은 늦지 않았다. 빠르지도 않다. 당신의 시간대 안에서 딱 제시간에 있다.

그동안 나는 내 주변을 둘러보면서 나만 빼고 결승선에 가까워지고 있고 나는 오히려 출발선 뒤로 밀려나는 것 같아 괴로웠다. 나의 대부분의 친구가 이미 결혼해서 아이도 있고, 이미 몇 년 전에 박사 학위를 받았고, 벌써 집을 산 친구들도 있다. 그럴 때마다 조급해졌고, '난 뭐 하고 있나'라는 생각이 들었고, 내가 한심했다.

하지만 나는 내게 주어진 삶과 그 시간 속에서 성실하고 즐겁게 살아가고 있으며, 이루고 싶은 것이 있다면 그걸 꼭 남들보다 먼저 이뤄야 더 가치 있는 것이 아니라는 걸 깨달았다. 마음이 조금 진정됐다. 포기했던 박사 공부는 내게 맞는 시간대에 다시 하게 될 것이고, 결혼도 내게 맞는 시간대에 하게 될 것이다. 남들보다 늦지 않게 결혼하려다 엉뚱한 남자 잡다가 결혼하는 것보다는 낫다. 내 인생의 바구니를 빨리 채우려고 손에 잡히는 아무 잡동사니들로 채울 수는 없다. 나의 때를 기다려서 가장 적합한 시기에 가장 탐스럽고 잘 익은 열매들로 채우고 싶다.

'남들과 비교하지 않기'를 실천하는 가장 효과적이고 쉽고 좋은 방법은 인스타그램에서 친구들을 모두 '업데이트 안 보기'로 설정하는 것이다. 친구를 끊는 것이 아니다. 친구 상태는 유지되지만, 나의 피드에 그들의 소식이 자동으로 뜨지 않는다. 아침에 일어났을 때, 일하다가 잠깐 쉴 때, 잠들기 직전에 아무 생각 없이 습관처럼 인스타그램에 들어갔다가 흠씬 얻어맞은 적이 한두 번이 아니다. 나는 꼬질꼬질하게 누워서 오징어 뜯고 있는데 친구가 몰디브로 여행 가서 인생을 매우 즐기는 사진을 보면, 갑자기 내 인생이 하찮게 보인다. 매일, 하루에도 몇 번씩이나 '넌 여행도 못 가는 방구석 찌질이네'라고 비하의 방망이를 휘두르고 싶지 않았다. 그래서 거의 모든 친구를 '업데이트 안 보기'로 설정했더니 이전보다 훨씬 내가 중심이 된 하루를 살고 있다. 나로 꽉 찬 하루를 사니 남이 들어올 틈이 없다.

스스로에게 부정적인 이야기하지 않기 + 칭찬해주기

아무도 나에게 "아랫배가 많이 나온 항아리 같네", "업무를 발로 해도 이것보다는 잘하겠네", "결론적으로 넌 너무 못난 인간이네"라고 하지 않았다. 그런데 정작 내 머릿속엔 왜 이렇게 나에 대한 부정적인 말들로 가득한 걸까. 원인은 나밖에 없었다. 내가 나에게 자꾸 말해주고 있었다. 너무 엄격하고 무서운 비판만 골라서 하고 있었다.

습관이 된 자기비판을 버리기 위해 가장 먼저 카테고리를 설정했다. '얼굴', '몸매', '직업', '성격' 등. 그리고 나서 하루는 '얼굴'에 대한 부정적인 얘기를 하지 않기로 했다. 그리고 다른 하루는 '몸매'에 대한 부정적인 얘기를 하지 않기로 했다. 이런 식으로 그날그날 '부정적인 얘기 금지 카테고리'를 정하고 연습했다. 그러자 점차 자연스럽게 나에 대한 부정적인 인식을 줄여나갈 수 있었다.

스스로를 칭찬해주는 것 또한 자기애를 높이는 매우 좋은 방법이다. 하지만 신나게 자기비판하던 사람이 무턱대고 칭찬하려니 손발이 오그라들고 잘되지 않았다. 그래서 일단 문장을 뒤집는 것으로 시작해보았다. 예를 들어 '아랫배가 많이 나온 항아리 같네'라는 생각이 들면 '그렇게 큰 항아리는 아니고 작은 항아리 같네', '항아리 중에 제일 예쁜 항아리네'라고 속으로 칭찬을 해줬다. '다른 사람은 발로 해도 이것보다는 잘하겠네'라는 생각이 들면, '작년의 나보다 늘었네. 장하다'라고 생각해줬다.

꼭 반대되는 것이 아니어도 잘 찾아보면 스스로를 칭찬해줄 수 있는 것은 매우 많다. 내가 한창 무기력하고 우울했을 때는 '오늘도 굶지 않고 저녁 챙겨 먹었다'는 것이 자랑스러워서 칭찬을 해주었다. '오늘도 일 때려치우지 않고 출근 잘 했다', '하루 안전하게 잘 보냈다', '운동 너무 하기 싫었지만 20분 동안이나 했다', '미루지 않고 빨래를 했다' 등이 나의 칭찬거리들이었다.

그렇게 스스로를 어화둥둥 잘했다 칭찬해주자 내가 정말 잘 살고 있다는 느낌이 들었다. 칭찬을 티스푼으로 떠먹이다가, 밥숟가락으로 떠먹이다가, 국자로 떠먹이다가, 국그릇채로 떠먹이니, 자신감과 자기애로 마음이 배불렀다.

운동하기 + 건강한 집밥 요리해 먹기

그동안은 바쁠 때면 대충 라면 끓여 먹고, 밤늦게까지 해야 하는 일이 있으면 커피를 무진장 때려 붓고, 스트레스를 받으면 과식하고, 귀찮으면 운동은 1분도 하지 않았다. 정말 무식하게 살았다. 해야 하는 일들에 쫓겨서 그 일들을 처리하는 게 인생의 우선순위였다. 나 자신은 늘 후순위였다. 이게 나를 돌보지 않는 행위라는 것도 몰랐다. 그런데 건강을 신경 쓰는 것 또한 나에게 친절하게 대하는 행동이라고 하니, 진지한 마음으로 실천하고 싶어졌다.

나는 '해야 하는 일' 위주로 뇌가 돌아가는 사람이기 때문에, '건강 챙기기'를 '해야 하는 일'에 포함시켰다. 주간 일정에도 '요가하기', '버피 100개 하기', '점심에 샐러드 먹기', '저녁에 집밥 만들어 먹기' 등을 일부러 썼다. 어쩌다 자투리 시간이 남으면 하는 일이 아니라, 바쁜 하루 와중에도 시간을 꼭 내서 해야 하는 일로 바꾸었다.

이렇게 행동으로 직접 하니, 내가 나를 돌봐주는 느낌, 소중하게 다루는 느낌, 아껴주는 느낌이 정말로 들었다. 처음에는 조금 어색했다. 바쁜데도 굳이 샐러드 만들어 먹고, 집밥 만들어 먹고, 억지로 요가를 갈 때 '이렇게까지 지극정성으로 나를 돌보는 게 손발이 오그라든다'는 생각도 들었다. 고기도 먹어본 놈이 먹을 줄 안다고, 스스로 사랑을 주고받아본 경험이 적었기 때문에 어색하고 낯설던 거였다. 자꾸 해보니까 역시 좋은 게 좋은 거구나 싶었다.

기분 좋은 활동하기

예전에는 그저 소처럼 땅만 보며 일하고 살다가 어느 날 갑자기 하늘에서 즐거운 일이 뚝 떨어져서 나를 싱글벙글 웃게 해주기만을 기다렸다. 이제는 그게 게으른 도둑놈 심보라는 걸 안다. '잠깐 시간이 남았는데 영화나 볼까', '오늘 할 거 없는데 테니스나 칠까'가 아니라, 바쁜 일상을 살면서도 나를 즐겁게 해주는 일을 루틴처럼 해야 한다. 그것이 무기력해지지 않을 방법이고, 정신 건강을 돌보는 일이다. 그리고 궁극적으로 나의 한 번뿐인 삶을 그때그때 즐겁게 사는 법이다.

즐거운 일들을 찾아서 하기 시작했다. 친구를 만나서 떠들썩하게 저녁을 먹고, 멋진 남자가 나오는 액션 영화를 보기도 했다. 서점에 가서 소설책도 사고, 친구들과 등산도 가고, 바다가 보이는 마을로 드라이브도 갔다. 테니스 레슨도 받고, 스페인 요리 클래스에도 갔다.

소소하지만 기분 좋은 일들을 하며 기쁨을 차곡차곡 모으고 있다. 모아둔 에너지는 하루를 잘 보내는 데, 일주일을 잘 보내는 데, 한 달을 잘 보내는 데 쓰고 있다. 살다 보면 웃을 날이 있을 거라며 나의 행복을 우연에 맡기지 않는다. 내가 나를 즐겁게 해주고 보상해주는 활동을 적극적으로 하며, 웃으면서 살고 있다.

억압적인 무의식적 사고에서
벗어나기 실천 후기

나에게는 언제 시작되었는지도 모를 만큼 오랫동안 가지고
있던 생각들이 있다. 행복한 인생을 살기 위해서는 좋은 대학
과 좋은 직장에 다녀야 하고, 경제적으로 윤택해야 하고, 남들
과 비교해서 하나라도 빠진 것이 있으면 안 된다는 생각들이
다. 의심할 것도 없는 지극히 옳은 소리였기에 이에 충실해서
살았다. 그러다 간혹 삶이 채워지지 않는 느낌이 들 때면, 아
직 저곳에 다다르지 못해서 그런 것만 같아 더 열심히 노력하
려 들었다.

그러나 나의 진실은 다른 곳에 있었다. 낯선 것에 도전하
고 싶고, 아름다운 것을 경험하고 싶고, 자아실현을 하는 삶을
살고 싶었다. 풍경이 아름다운 곳에서 글을 쓰고 사색하는 것,

취약 계층에게 도움을 주는 것, 세상에 이로운 사업을 하는 것을 열망했다. 하지만 언제나 꿈은 허상에 불과하며, 현실과 동떨어진 상상일 뿐이라고, 가능하지도 않고, 할 수도 없는 일이라며 현실로 터벅터벅 다시 돌아가곤 했다.

그런데 《You are a Badass》를 읽고 나서, 내가 느끼는 내적 갈등이 사실 무의식적 사고와 의식적 사고의 충돌일 수도 있겠다는 생각이 들었다. 현실과 타협하게 했던 생각들이 내가 논리적으로 따져본 후에 믿고 있던 것이 아니라, 그저 받아들인 것일 수도 있다는 생각이 들었다. 만약 그렇다면 무의식적 사고에서 벗어나 정말로 내가 원하는 삶을 만들어갈 수 있을지도 모른다. 책에 제시된 단계들을 따라가보았다.

내게 한계를 두고 성장을 막는 생각과 두려움들이 무의식에서 왔다는 것을 인식하기

일단 나에게 다음과 같은 질문을 해보았다.

내게 한계를 두는 생각들이 있을까?

나의 성장을 막고 있는 두려움이 있을까?

당연히 있다. 나의 초라한 글은 책으로 만들어질 수 없다는 생각, 인정받지 못하는 것에 대한 두려움이 있다. 안정적인 직장을 그만두면 삶이 나락으로 떨어질 것 같은 두려움이 있다. 내가 바라는 삶을 사는 것, 예를 들어 경제적 자유를 얻고 진실한 사랑을 찾기란 결국 신기루 같은 상상일 뿐이라는 생각이 있다. 그래서 다음 질문을 했다.

과연 정말 무의식에서 나온 생각과 두려움일까?

이 질문은 나를 참 오랫동안 고민하게 만들었다. 정말로 나의 논리와 변별력이 반영되지 않은, '내 것이 아닌 생각'일까. 여전히 확답을 할 수 없다. 설령 무의식적 사고가 맞다고 해도, 내가 무의식의 영역에서 일어난 사고를 의식적으로 판단하기란 쉽지 않기 때문이다. 이미 너무 깊이 뿌리박혀 있어서 어디서 어떻게 기인했는지 분간할 수가 없는 상태랄까.

그럼에도 불구하고 일단 믿기로 했다. 나의 두려움은 아주 오래전 나의 의지와 상관없이 들어온 것이라고, 나의 진실이 아니라고 말이다. 그래야만 내 발목을 붙잡고 있는 생각들을 뿌리치고 앞으로 갈 수 있을 것 같았다.

무의식적 사고를 정면돌파하는 질문하기

- 내 능력보다 훨씬 낮은 연봉을 받고 있는 걸까?
- 이것보다 높은 연봉을 받는 것이 불가능한 일일까?
- 더 나은 연봉을 줄 회사가 단 한 군데도 없을까?
- 사업을 하면 반드시 실패할까?
- 안정적인 대기업을 다니는 것이 최고의 가치일까?
- 돈을 많이 버는 것은 내게는 일어날 수 없는 일일까?

질문을 쏟아냈다. 곰곰이 생각해보았다. 이것들이 오류라고, 나를 가두는 생각에 불과하다고 생각을 고쳐보았다. 그렇지 않을 수도 있는데 그렇다고 믿고 있고, 그럴 수도 있는데 그럴 수 없다고 믿고 있지는 않나 의심을 해보았다. 도전하면 지금보다 높은 연봉을 주겠다는 회사가 한 군데는 있을 것 같고, 돈이 많아도 많지 않아도 난 어쨌든 행복할 것 같은데 말이다.

주변 사람들의 영향을 받았는지 생각해보기

- 부모님, 친구들, 주변 사람들이 직업, 돈, 결혼, 성공에 대해 가지는 관점과 태도는 어떨까?
- 내가 그들과 비슷한 관점과 태도를 가지고 있을까?
- 그들의 영향을 받았을까?

나를 둘러싼 바깥의 소리들, 어른들의 소리들을 열심히 내면으로 흡수한 것이 한둘이 아니었다. 좋은 학벌, 좋은 직업, 좋은 집, 좋은 차, 좋은 외모를 가져야만 한다고 생각했던 것도 다른 사람의 기준과 시선에 맞추기 위해서 그랬을지도 모른다. 특히 '좋은 대학을 가야 한다'는 소리는 자라면서 부모님과 선생님들에게서 참 많이 들었다. 그래야만 좋은 직장에 가고 안정되고 인정받는 삶을 살 수 있다고 모두 함께 믿었다. 그리고 나 또한 그 당위성에 의심 없이 동참했던 듯하다. 좋은 삶, 행복한 삶을 사는 것이 탐났기 때문이다.

생각해보면 지금껏 나는 무언가를 더 갖췄다고 해서 반드시 행복하지도 덜 갖췄다고 해서 필히 불행하지도 않았다. 내가 좋은 학교와 직장을 다녔다고 반드시 행복했던 것이 아니었듯, 결혼을 하지 않거나 아이가 없다고 해도 필히 불행하지도 않을 것이다.

어쩌면 결혼이 아니면 쓸쓸한 노년을 보낼 것이라는 두려움도 바깥에서 심어진 것일 수도 있다. 내 집 마련을 하지 못하는 것에 대한 패배감, 직장을 그만두고 내가 원하는 일을 하는 것에 대한 두려움, 그래서 오늘도 꿈이 아닌 현실에 충실하자는 체념마저도 그럴 수 있다.

내 안에는 '이래야만 하고, 이러지 않으면 안 된다'는 틀이 너무 많았다. 비로소 너무 바깥의 소리에 의존해 행복한 삶을 정의해왔다는 생각이 번쩍 들었다. 타인의 시선과 사회의 기준이 나의 행복을 보장해주지 않는데도 말이다.

이제 에린이 내게 해주고 싶었던 말의 의미를 알겠다. 사회적 통념과 내가 진실로 원하는 걸 구분하라는 말, 대다수의 기준을 따라야만 행복하다는 착각에서 벗어나야 한다는 말, 이런 무의식적 사고에서 벗어나면 내가 어떤 모습이든 간에, 어떤 상황에 놓이든 간에 나의 모습에 만족할 수 있다는 말.

커다란 해방감이 밀려든다. 나를 옭아매던 것들이 나의 무의식적 사고였다니, 그 실체가 나였다니, 안도감이 들면서 기쁘다. 이제 예전처럼 주저하지 않고 자아실현을 하며 진짜 행복을 좇으며 살려고 한다. 더 이상 고리타분하고 해묵은 사회적 고정관념에 좌지우지되지 않으려 한다. 내 삶의 주체가 되어 살려고 한다.

결혼도 못 한 노처녀로 늙어 죽는 것은 두렵거나 못난 일이 아니다. 혼자서도 충분히 행복하고 즐겁게 살 수 있다고, 내가 나에게 용기를 주고 싶다. 나도 글을 쓸 수 있다고, 꾸준히 글을 쓰는 것만으로도 내 삶에 의미를 가져다준다고 독려하고 싶다. 돈을 억으로 굴리며 살지 않아도 행복할 수 있다고 다독이고 싶고, 그와 동시에 열망하는 것에 도전하라고 자신감을 주고 싶다. 여자라서, 나이가 많아서, 능력이 부족해서, 재정이 뒷받침이 안 돼서, 그냥 안 될 것 같아서 망설이거나 포기하지 말라고 응원해주고 싶다. 이제 나는 스스로를 사랑하고 아끼며 행복하게 사는 데 충실하려 한다.

· 벤다이어그램을 채워보세요.

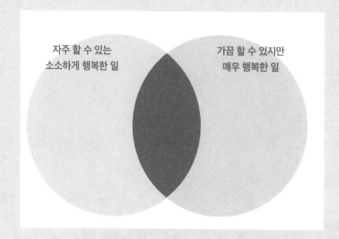

자주 할 수 있는
소소하게 행복한 일

가끔 할 수 있지만
매우 행복한 일

· 자신에게 친절하게 대하는 방법들 중 무엇을 실천해보고 싶나요?

다른 사람들과 비교하지 않기	자존감을 높여주는 사람들과 함께하기	스스로 부정적인 이야기 하지 않기	스스로 칭찬하기
나를 돌보는 시간 만들기	감사 목록 만들기	더욱 자주 거절하기	통제할 수 있는 일과 없는 일 구분하기
완벽하지 않음을 인정하기	기분 좋은 활동하기	안주하지 않기	인스타그램 자주 하지 않기
채소 많이 먹기	건강한 집밥 요리해 먹기	아침마다 몸무게 재지 않기	8시간 이상 수면하기
재밌는 콘텐츠 시청하기	먹고 싶은 디저트 먹기	스트레칭하기	

• 당연하게 여기고 있는 생각들을 적어보세요.

• 여기서 타인이 만들어낸 생각으로는 무엇이 있을까요?

• 내가 진정으로 원하는 것은 무엇인가요? 자신에게 해주고 싶은 말을
 적어보세요.

지금
완전한 존재

시간이 지나고 울산바위는 무탈한 마음으로 잘 지내고 있다. 금강산은 어떠한지 모르겠으나, 설악산은 때에 맞춰 사계절이 흐르는 보편적인 곳이다. 봄여름가을겨울이 순환하며 높고 낮은 능선을 그리며 흘러가는 곳이다.

나는 이전보다 단단하고 온전한 마음으로 새로운 길을 가고 있다. 나의 가장 기쁨을 좇다 보니 한국으로 돌아왔고, 즐겁고 감사한 일들이 선물처럼 주어지고 있다. 가족과 반려견에게서 가장 평온한 행복을 느끼며, 오랜 친구들을 통해서 예전의 나를 만나고 있다. 나의 원고를 선택해준 출판사를 만나게 되었으며, 열망하던 헬스케어 스타트업을 꾸리게 되었다. 이렇게 큰 선물을 받으려고 그동안 그랬나 보다.

나의 모퉁이는 참 길고 거대했다. 끝도 없이 돌아가기만 하는 나를 내가 도와주고 싶었으나 방법도 알 수 없었고 그럴 힘도 없었다. 지금 생각하면 살면서 반드시 돌아야 하는 모퉁이었다. 그리고 지금 생각해도 그때 두 발로 에린을 찾아간 것은 내가 할 수 있는 가장 현명했던 일이다.

남들은 내게 석사 학위도 두 개나 있고, 하버드 대학원을 졸업했고, 꿈꿔왔던 병원에서 일하고, 데이터 분석가로 직무도 잘 바꿨는데 왜 그러냐고 했다. 그저 인생이란 아름답고 이 세상 살맛 난다는 듯, 등 파진 원피스에 선글라스 끼고 야외 테라스에서 브런치 먹으며 호호호 웃으며 살면 되지 않냐고 했다.

에린은 나의 마음을 탐구하는 여정의 길잡이었고, 잔뜩 엉켜 붙은 실타래를 함께 하나씩 풀어갔다. 그 누가 나보다 나를 더 잘 알겠냐고 생각했지만, 내가 처음으로 가보는 길은 나보다 길을 잘 아는 사람과 함께 걸어야 한다는 것을 배웠다. 에린 덕분에 나는 단계별로 필요한 숙제들을 해내면서 일상을 조금씩 바꿔나갔다.

셀프헬프 1단계, 무기력함을 이겨냈다. 무기력함을 극복하기 위해서는 일상에서 사소한 성취감을 자주 느끼는 것이 중요하다. 그래서 행동 활성화 일지에 '아침밥 챙겨 먹기'부터 시작해서 '카페로 외출하기', '요가 수업 가기' 등을 적고 실천했다. 유치하다고 느껴질 만큼 작은 일들은 더 많이 적었다. 그래야만 나와의 약속을 더 쉽게 지킬 수 있었고, 성취감을 더 자주 느낄 수 있었기 때문이다. 그렇게 차곡차곡 쌓인 성취감은 그저 누워만 있던 나를 일으켜 세웠다.

셀프헬프 2단계, 불면증을 극복하는 생활 습관을 만들어 나갔다. 잠을 자면서도 걱정하고 불안해하느라 깊이 잘 수가 없었고, 다음 날은 늘 피곤했다. 무기력한 일상을 완전히 벗어나려면 잠부터 잘 자야만 했다. 그래서 수면 위생을 실천하면서 숙면을 방해하는 행동들을 줄여나갔다. 커피는 아침에 디카페인으로 한 잔만 마시고, 규칙적인 시간에 일어나고 잤다. 낮에는 신체 활동 시간을 늘렸다. 머리가 생각으로 가득 찬 밤에는 점진적 근육 이완법을 통해서 안정을 찾을 수 있었다.

그러나 살다 보면 예기치 않은 일들이 찾아와 일상을 뒤흔들곤 한다. 도저히 받아들일 수 없고 인정하고 싶지 않은 일들이 나이가 들수록 더 크게 찾아오는 것만 같다. 이때 셀프헬프 3단계, 근본적 수용을 배웠다. 받아들이기 싫은데 받아들이라니, 처음엔 거부감이 들었다. 하지만 다른 방법이 없으니 울며 겨자 먹기로 연습했다. 머릿속에서 끊임없는 수용의 작업을 하느라 시간이 꽤 걸리는 지난한 일이었다. 그래도 계속 연습한 덕분에 난 지금도 예기치 못한 상황에 허둥대지 않고 더 의연해지고 있다.

커다란 문제를 극복하려고 애를 쓰다 보면 에너지는 순식간에 소모되는 법. 3단계까지 해냈는데, 건강하고 규칙적인 생활을 이제 겨우 만들었는데, 몸이 천근만근처럼 느껴지고 힘이 들었다. 그래서 셀프헬프 4단계, 에너지 레벨을 높이기 위해 천연 항우울제를 먹었다. 특히 비타민B와 오메가3를 매일 먹었다. 세로토닌이 분비된 덕분인지, 플라시보 효과 덕분인지는 모르겠으나, 결과적으로 규칙적이고 건강한 일상생활을 할 수 있게 돼 감사하다.

마지막으로 나는 어렵게 되찾은 안정된 마음과 일상을 다시는 잃고 싶지 않았다. 사는 일이란 언제고 무엇이 휘몰아칠지 모르는 일이기 때문에, 나의 가장 중심을 더욱 단단하게 만들고 싶었다. 그래서 셀프헬프 5단계, 나를 아끼고 사랑하는 것, 자기애 증진에 힘썼다. 궁극적으로 세 가지를 깨달았다. 나를 사랑하는 일은 나의 부족함마저 인정하고 포용하는 것, 나를 사랑하는 일은 성취보다는 행복을 추구하는 것, 나를 사랑하는 일은 즐거운 마음을 중요하게 여기며 내가 원하는 삶을 사는 것.

여전히 별일 하나가 지나가면 또 다른 별일 하나가 찾아오는 인생이지만, 나는 중심을 잡으며 잘 살아가고 있다. 감당하기 힘든 일이 생기면 근본적 수용을 통해 이성을 찾으려 노력하고, 아무것도 하기 싫은 날에는 설거지라도 하며 성취감을 찾는다. 왠지 모르게 기분이 회복되지 않으면 오메가3를 먹고, 숙면을 방해하는 행동들은 최대한 하지 않는다. 그리고 무엇보다도 나를 존중한다. 나를 괴롭게 하는 마음은 멀리하고 즐겁게 하게 하는 마음을 가까이 하니, 사는 것이 꽤 재밌다. 진정으로 원하는 것을 추구하자 새로운 기회들이 찾아오기도 한다. 나의 이야기를 용기 있게 적었더니 출판의 기회가 찾아온 것처럼 말이다.

나처럼 스스로를 돕고 싶은 이들에게 이 다섯 가지 단계와 나의 실천 후기가 도움이 되었으면 한다. 꼭 순서대로 하지 않고 가장 쉬워 보이는 단계부터 먼저 시도해도 좋을 것이다. 당신만의 5단계를 완성하는 것이다. 예를 들어 천연 항우울제를 먹거나 좋아하는 영화를 보는 것처럼, 힘들이지 않고 실천 가능한 것이 있을 것이다. 쉽고 작게 만들어가는 변화가 중요하다. 작은 변화가 큰 변화로 넘어가는 문을 열어주기 때문이다. 이 마지막 문장까지 읽은 것부터 작은 변화의 시작이다.

심리상담 Q&A

Q. 심리상담은 어떻게 이뤄지나요?

A. 저는 직장 동료에게 추천받은 심리상담센터에 전화를 해서 상담을 요청했어요. 의사의 소견이나 진료의뢰서는 필요하지 않아서 직접 전화했어요.

통화할 때 센터에서 나와 가장 적합한 심리상담가를 매칭해주기 위해서 어떤 문제에 대해 상담받고 싶은지, 선호하는 선생님의 성별이 있는지 등의 간단한 문답의 과정이 있었어요. 그리고 3일 정도 후에 심리상담가, 바로 에린에게서 인사와 함께 두 통의 이메일이 왔어요. 하나는 상담 진행을 위한 줌 미팅 링크였고, 다른 하나는 첫 상담 전에 작성하는 문답지였어요. 문답지에는 현재의 마음 상태, 직면한 문제들, 상담을 통해 극복하고 싶은 것들, 도움받고 싶은 것들에 대한 항목이 있었어요. 이걸 토대로 첫 상담이 이뤄졌어요.

첫 상담은 60분 동안 진행됐어요. 심리상담가가 저에 대해 알아가는 시간을 가져야 하기 때문에 60분이었고, 그다음부터는 45분씩이었어요. 에린은 제가 어떤 사람인지, 현재 어떻게 지내는지, 마치 처음 친구를 사귀고 알아가는 것처럼 친근하게 대화를 이끌어줬어요. 에린이 나라는 사람 자체에 대해 관심을 가져주는 느낌, 내가 살아온 전반적인 인생을 들어주는 느낌이 들면서 처음부터 마음이 많이 열렸어요. 그러고 나서 자연스럽게 제가 작성했던 문답지를 기반으로 현재 무엇이 힘든지 물어봐줬어요.

처음에는 잘 모르겠다, 기분이 가라앉았다, 아무것도 하기 싫다고 솔직히 얘기했어요. 그랬더니 제가 왜 이런 감정을 느끼는지 같이 탐색해줬어요. "이런 기분을 느낀 지 얼마나 됐나요?", "언제 이런 감정을 가장 많이 느끼나요?", "최근에 인생에 큰 변화가 있었나요?" 등의 질문을 하면서요. 그 질문에 답을 하는 과정에서 스스로 마음을 탐색할 수 있도록 이끌어준 거죠. 미리 스스로를 단정 짓거나 평가하지 않고, 인지하고 깨달을 수 있는 힘을 길러줬어요.

그러니 혹시 심리상담을 받아보고는 싶은데 무슨 말을 해야 할지 몰라서 망설여진다면, 그 걱정은 하지 않아도 될 거예요. 상담가가 대화를 통해서 심리 상태를 함께 알아봐줄 테니까요.

Q. 심리상담과 정신과 진료는 어떻게 다른가요?

A. 정신과 진료는 정신건강의학과 의사가 정신적 질환을 진료하고 치료해요. 문제의 원인이 뇌의 구조나 기능에 이상이 있다고 여겨서 약물 치료를 하는 경우도 있어요. 하지만 심리상담은 의사가 아닌 상담 자격증을 소지한 전문상담사에 의해 이뤄져요. 심리적인 문제에 초점을 맞추어서 장기적으로 치료하고, 상담을 통해 내면을 탐색함으로써 변화하고 성장하고 싶은 경우에 추천해요. 상담 치료에는 다양한 상담 기법이 있어요. 제가 받았던 건 '인지행동치료'인데요. 스스로 인지함으로써 문제의 본질을 파악하고 행동 변화를 이끌어내는 상담 기법 중 하나예요.

Q. 어떤 경우에 심리상담을 받나요?

A. 아주 사소한 고민이라도 누군가에게 마음을 털어놓고

싶거나 얘기하고 싶은 경우에 심리상담을 받으면 좋아요. 꼭 누가 봐도 불행한 일이 있어야만 상담을 받는 건 아니에요. 살면서 크고 작은 다양한 이유로 스트레스받는 일도 많고 걱정되고 슬픈 일도 많잖아요. 그런 것들을 편하게 대화하면서 위로받고 싶고 공감받고 싶을 때도 많고요. 그럴 때 가족과 친구랑 얘기하듯이 심리상담가와 얘기할 수 있어요. 오히려 가족과 친구에게 하기 힘든 이야기를 심리상담가와는 터놓고 나눌 수도 있고요.

Q. 미국에서 심리상담에 대한 인식이 어떤가요?
   편견은 없나요?

A. 미국에서는 직장 동료 대다수가 심리상담을 정기적으로 받았어요. 육아 스트레스, 부부 갈등, 직장 상사와의 갈등, 이별 등의 이유로요. 자신이 심리상담을 받는 것을 다른 사람에게도 자연스럽게 이야기해요. "어제 내 심리상담가가 이런 얘기를 해주었는데 참 좋더라"는 식의 대화를 편하게 하는 거예요. 심각하게 생각하지 않아도 돼요. 심리상담은 마치 운동을 하고 영양제를 챙겨 먹는 것처럼 마음 건강을 적극적으로 보살피는 현명한 방법이에요.

저도 어느 날 직장 동료에게 일상적인 고민을 얘기하다가 자연스럽게 심리상담을 권유받았어요. 처음엔 '그렇게까지 심각한 고민은 아닌데……' 하고 생각했어요. 하지만 미국에서는 심리상담이 하나의 보편적인 문화고, 친구끼리 맛집을 추천해주듯 상담가를 추천해줘요.

Q. 심리상담 비용은 얼마인가요?

A. 미국은 심리상담도 보험이 적용돼서 저는 상담 1회당 자기부담금 20불을 냈어요. 우리나라도 의료기관에서 이뤄진 진료와 상담은 보험이 적용돼요. 하지만 심리상담센터나 연구소에서 진행한 상담치료 프로그램이나 인지행동치료는 해당되지 않아요. 1회 상담 비용이 5~15만 원 정도이고, 상담사의 경력과 소지한 자격증에 따라 비용이 달라요.

Q. 비용이 부담스러운데, 다른 방법은 없을까요?

A. 무료나 저렴한 비용으로 심리상담을 받을 수 있어요. 지역의 정신건강복지센터, 건강가정지원센터, 청소년상담복

지센터, 대학 학생상담센터에 문의해보세요.

① 정신건강복지센터:

정신 건강에 도움이 필요한 지역주민 누구나 무료로 이용할 수 있어요. 정신 건강 진단, 개인 및 가족 맞춤 상담과 교육, 24시간 전화상담을 지원해요.

☎ 1577-0199

② 건강가정지원센터:

여성가족부 산하 기관으로, 부부상담, 다문화가정 등 가족과 관련된 상담 서비스를 무료로 제공해요.

☎ 1577-9337

③ 청소년상담복지센터:

9~24세 청소년 및 부모를 대상으로 진로상담과 학업상담, 학교폭력, 청소년 우울, 자살 등 청소년 전문 심리상담을 제공해요. 50분 동안 진행하는 1회 상담 비용은 청소년 5,000원, 성인 10,000원이에요.

☎ 1388

④ 서울심리지원센터:

만 19세 이상의 서울시민 또는 서울 소재 직장이나 학교에 다니는 누구나 무료로 이용할 수 있어요. 심리상담은 무료로 8회까지 받을 수 있고, 더 필요한 경우 다른 기관을 연결해 상담이 이어지도록 도와줘요.

☎ 동남센터 0507-1414-1190

☎ 동북센터 02-901-8652

☎ 서남센터 0507-1308-3275

☎ 중부센터 02-959-8006

참고 자료

본문에는 참고 자료의 내용을 체화하여 풀었지만, 더 많은 정보를 원하는 이들을 위해 목록을 만들었다.

1장

Weekly Schedule for Behavioral Activation, https://www.therapistaid.com/therapy-worksheet/schedule-behavioral-activation

The Pomodoro Technique: Beat procrastination and improve your focus one pomodoro at a time, https://todoist.com/productivity-methods/pomodoro-technique

How to Use the Pomodoro Technique Like a Boss, https://everydaypower.com/pomodoro-technique/

2장

Healthy Sleep Habits, https://sleepeducation.org/healthy-sleep/healthy-sleep-habits/

Progressive Muscle Relaxation Script, https://www.law.berkeley.edu/files/Progressive_Muscle_Relaxation.pdf

3장

How to Embrace Radical Acceptance, https://www.verywellmind.com/what-is-radical-acceptance-5120614

4장

Herbs, Vitamins, and Supplements Used to Enhance Mood, https://www.webmd.com/diet/features/herbs-vitamins-and-supplements-used-to-enhance-mood

6 natural antidepressants: Are they effective?, https://www.medicalnewstoday.com/articles/6-natural-antidepressants#other-natural-antidepressants

Natural Antidepressants for Depression, https://www.verywellmind.com/natural-antidepressants-for-depression-5270480

How meditation helps with depression, https://www.health.harvard.edu/mind-and-mood/how-meditation-helps-withdepression

Natural Depression Treatment, https://www.drweil.com/health-wellness/body-mind-spirit/mental-health/natural-depression-treatment/

Healthy Eating for Depression, https://www.healthline.com/health/depression/healthy-eating#foods-to-avoid

Gratitude and Depression: Can Gratefulness Make You Happy?, https://www.pasadenavilla.com/resources/blog/gratitude-and-depression/

5장

10 Signs You Lack Self-Love, https://psych2go.net/10-signs-you-lack-self-love/

Self-care and mental health: 6 easy ways to be kinder to your body and mind, https://www.stylist.co.uk/life/self-care-mental-health-how-to-be-kind-to-yourself-boost-self-esteem/398652